职业院校班主任管理能力提升

韩东　史文革　张金果　著

中国纺织出版社有限公司

内 容 提 要

高等教育具有融知识创新、加工、传播和应用于一体的特点，是联系经济发展、社会进步、科学研究和人才培养的桥梁。一个国家的综合实力强弱，一个社会的文明程度高低，与高等教育规模与教育质量高低密切相关。

作者围绕如何提高德育工作和班主任工作的实效性进行了大胆实践，通过对班主任常规工作要求的介绍，围绕班主任从事工作过程中遇到的困惑和挫折等，对实践中所积累的经过实践检验的技巧和方法进行了详细阐述，这些方法和技巧的可复制性和借鉴性比较强，可以为班主任有效开展班级管理工作提供良好的推动作用，也可为教育主管部门教师和班主任的培训工作提供参考。

图书在版编目（CIP）数据

职业院校班主任管理能力提升/韩东，史文革，张金果著. --北京：中国纺织出版社有限公司，2023.9

ISBN 978-7-5229-1133-5

Ⅰ.①职… Ⅱ.①韩…②史…③张… Ⅲ.①高等职业教育-班主任工作-研究 Ⅳ.①G718.5

中国国家版本馆 CIP 数据核字（2023）第 196533 号

责任编辑：王 慧 责任校对：江思飞 责任印制：储志伟

中国纺织出版社有限公司出版发行
地址：北京市朝阳区百子湾东里 A407 号楼 邮政编码：100124
销售电话：010—67004422 传真：010—87155801
http://www.c-textilep.com
中国纺织出版社天猫旗舰店
官方微博 http://weibo.com/2119887771
北京虎彩文化传播有限公司印刷 各地新华书店经销
2023 年 9 月第 1 版第 1 次印刷
开本：787×1092 1/16 印张：9.625
字数：210 千字 定价：98.00 元

前　言

自从17世纪捷克教育家夸美纽斯从理论上论证班级授课制，并把它作为教学组织形式付诸实施之后，对班级学生全面健康发展负责的班主任这一教育角色也便客观存在了。随着人类社会的发展和人们日益增长的对优质教育的需求，班主任在学校教育中的重要价值越来越得到突出和彰显。班主任不仅是一种职业，更是一种事业，他接受的是一种嘱托，是家长对孩子德性成长和心智发展的托付，是国家和民族对未来的托付。班主任是学生全面健康成长的重要影响源泉，将在学生的人生道路上深深地留下班主任的教育印痕。班主任以人格育人，使学生面对生活中纷繁复杂的诱惑不会迷失方向，未来以自己的聪明才智报效祖国，贡献社会。

班主任是班级工作的组织者、领导者和教育者，在学生的品格塑造中起到了极为重要的作用，能够影响学生形成良好的思想道德和行为习惯。因此，在教育学生的过程中，班主任必须尊重教育规律，以学生为主体。这听起来不难，但就我国目前班主任整体建设来看，其实还存在很多问题，比如：责任意识不强烈，缺乏主动性；班级管理思路不明确，缺乏针对性；工作方法单一，忽视学生主体地位等。

为落实立德树人根本任务，贯彻全国教育大会精神和《国家职业教育改革实施方案》部署，推进职业教育领域"三全育人"改革，推动各地、各职业学校加强班主任队伍专业化建设，提高学校学生管理和德育工作水平，从2020年起教育部开始举办全国职业院校技能大赛职业学校班主任能力比赛。这些出台的文件和比赛对班主任能力建设和队伍水平提出了更高的要求，也给予班主任更多展现自己的机会。

本书主要面向班主任，特别是高职班主任，以及学校教师和管理人员。全书共分九章。首先初步介绍班主任工作，帮读者找到自身与优秀班主任的差距；然后阐述实际带班过程中的班级建设、教育理念更新、班级日常工作管理、班级活动管理、职业指导、突发事件处理，几乎涵盖了建班育人过程中的所有重点内容；接着，聚焦于提升班主任专业化能力建设，唤醒自驱力；最后，关注班主任教育合力的形成，协调统一校内、家庭和社会的教育力量，建立教育网络，形成教育合力。整本书能够让读者按图索骥，全方位提升班主任的综合能力。

鉴于时间仓促和水平有限，书中难免存在纰漏和不足，敬请各位读者批评指正，以期本书能够在日后臻于完善。

本书可作为职业院校班主任以及学校教师和管理人员的参考书。

著者

2023年8月

目　录

第一章　职业院校班主任工作理论基础

第一节　班主任的由来

所谓班主任是班主任制下的一种专职人员，而班主任制产生于班级授课制。班级授课制是社会化大生产的产物，因为这样的教育形式能够大规模、高效率地为机器大生产培养所需的人才。

18 世纪英国工业革命之后，欧洲各国普遍采用了班级授课制。1862 年，清政府在北京设立了京师同文馆，率先采用了班级授课制。班级授课制产生之后，出现了专门管理学生的专职人员。1903 年，学堂里第一次设置了“学监”，之后，又设置过“管理员”“主任教员”“训育主任”等，但在那时并不是每个班都设置一个专人进行管理，有时是一个年级设置一个专人。1905 年，清政府“废科举兴学堂”，班级授课制在我国学校里开始普遍推行。1938 年之后，导师制在我国学校中开始流行，每个班级或每个年级设一名班导师或级导师。

中华人民共和国成立之后，我国在教育方面主要学习苏联的经验。1952 年，教育部颁布《中学暂行规程（草案）》，其中明确规定：“中学每班设班主任一人，由校长在各班教员中选聘，在教导主任和副教导主任领导下，负责联系本班各科教员，指导学生生活和学习。”从此，班主任制及班主任的基本职责就在我国被正式确定下来。

第二节　职业院校班主任的性质与职责

一、职业院校班主任的性质

（一）高职班主任的内涵

高职班主任是学校党委和行政部门贯彻落实党的教育方针的有力助手，也是班级的组织者、领导者和教育者，负责对学生的管理、教育，指导学生的学习、进步、成长，关心学生的生活，促进学生健康、活泼地全面发展，把学生培养成为社会主义事业的合格建设者和可靠接班人。

班主任工作是学校教育工作的重要组成部分，是学校德育与智育、体育、美育、管理教育的重要结合点。高职班主任工作包括许多行政管理和生活指导的内容，但总的属于德育范畴。大学生的思想政治道德面貌，关系着党和国家的前途命运、社会主义事业的兴衰成败、民族的兴旺发达以及国家的和谐稳定和长治久安。高职班主任肩负着培养社会主义事业建设者和接班人的崇高社会责任和光荣历史使命。

（二）高职班主任应具备的素质

班主任在教书育人过程中，承担着各种不同的角色，他们不仅要教书，而且要育人，还要营造出一个好的集体，给学生创造出一个长身体、长知识、长能力的良好环境。班主任的素质如何，直接关系到学生教育未来的走向。

那么，作为一个优秀班主任应该具备哪些素质呢？

根据大量优秀教师和班主任的工作情况，总结出了八种人格特质与特征，并可以将其分为三个部分，即激励性人格、以成功为导向、专业品行。这些特征往往可以帮助学生获得和保持求知的兴趣，增强师生之间的信任。

1．激励性人格

（1）热情。热情的教师会给学生留下这样的印象，他们很自信，并且喜欢他们所做的工作，他们信任和尊重学生，所教课程是有用的、有趣的。热情的教学可以帮助学生持之以恒地完成任务，激励他们，使他们获得更多的知识和更高的满足，如表 1-1 所示。

表 1-1　教师的热情

热情的教师	不热情的教师
显得自信、友好	显得焦虑、保守
建立并表达出所学科目与学生的相关性	机械，不能将学生的兴趣或需要和课程联系起来
用丰富、生动的手势强调重点	经常在一节课中站在或坐在一个地方
富有创造性，指导方法具有多样性	只使用一种或两种指导方法
教课时全身心投入，富有表现力	漠不关心，不能全身心投入
与学生保持眼神的交流	避免与学生进行眼神交流
运用不同的音高、音量以及变调、停顿等方法使演讲更有趣	讲课音调单一
耐心	不耐烦
坚定地认为学生能够成功地完成任务	当学生不能很快领悟便很快放弃
知道并能迅速处理学习任务外的事情	忽略了学生学习任务以外的行为
保持快节奏的课程进度	时间效率低下
有幽默感，能自嘲	经常很挑剔
通过走动保持学生的兴趣和注意力	站在教室的前面，很少走动

注：[美] 克里克山克，贝勒尔，梅特卡夫．《教学行为指导》[M]．时绮，等，译．北京：中国轻工业出版社，2003.

(2) 热心和幽默。当班主任很友好、热心、态度积极，对学生感兴趣，很开放，愿意与学生一起解决问题，并努力工作，帮助他们获得学业上的成功时，这样的课堂往往也是积极向上的。另外，要做一个幽默的教师，这样的教师使得学习成为乐趣。幽默可以抵消紧张，表现教师的自信与安全感，促进信任，减少学生不良行为的发生。此外，有效运用幽默可以增强长期记忆，促进学生的学习。

(3) 可信任感。在学生看来，教师是非常值得信赖的。班主任的学历、传递给学生的信息以及行为是建立可信任感的三个重要因素。

班主任过往的学习经历容易影响到那些专业知识懂得较多、非常渴望成功的学生。当班主任能够向学生证明所讲的知识与他们的兴趣和需要相关时，他们就会认为班主任值得信赖。不过，更重要的是班主任的行为。当班主任开诚布公、诚实、公正地对待学生，公开征求并接受学生的评价或批评，表示对学生成功感兴趣或关心时，班主任就能得到信任。

2. 以成功为导向

(1) 对成功的高期望。教师的期望有可能导致学生学习程度和深度的不同。研究表明，教师对学生的期望越高，学生学得越努力，所获得知识也就越多。

(2) 支持与鼓励。通过鼓励和支持，班主任可以帮助学生达到所期望的成功，即使在这个过程中会遇到一些困难。当学生出现不情愿的情绪或遇到困难时，教师的鼓励尤为重要。

3. 专业品行

(1) 有条理。要做到做事有条理，以当前任务为中心。研究发现，学生常常看到有条理的教师会比别的教师呈现出更多的热情和关心。有条理的教师注重帮助学生参与课堂活动，他引导学生高效地获得有意义的学习成果。

(2) 适应性与灵活性。当课堂计划出现问题时，班主任要避免守旧不前，必须在短时间内找到达成既定目标的替代方法。

(3) 博学。对于有效教学更为重要的是，教师将学科知识、教育学方法和学生有机结合起来，以便实施有效教学。

这八种素质犹如八种不同的打开学生心智的钥匙，班主任只有认真磨砺，在实践中不断总结，日复一日年复一年地坚持积累，敏锐冷静地自我调适，才能具备这样的专业素质，从而带好一个班集体。

二、职业院校班主任的职责

班主任与一般教师相比，不仅是人类文化科学知识的传递者，而且担当着培养合格公民和促进学生人格健全发展的繁重任务。从教育内容上说，德、智、体、美、劳都要管；从教育环境上说，学校、家庭、社会都要去联系；从教育组织上说，班委会、共青团、课外活动都要统一起来。因此，作为当今新时代育人者的高职班主任，其工作职责也是全面而复杂的。

（一）树立良好学风班风，创造成长成才环境

班集体是学生日常学习、生活、工作的场所和环境，好的环境塑造好的学风和班风。因此，这个集体需要有蓬勃向上的集体荣誉感和争先创优、爱班好学的班风和精神。这种精神和合力来源于班主任坚持不懈的思想教育工作和潜移默化的引导作用，重视思想教育工作是班主任做好各项工作的前提和基础。高校要推行“一班一师”制，即一位教师担任一个班级的班主任，并加强了班主任日常管理和考核制度。思想政治工作是班主任日常工作中一个重要的组成部分，平常通过宿舍、团支部、青年先锋队等多种组织，利用班会、团体活动、座谈会等多种途径对学生进行思想政治教育。例如，鼓励学生积极参加社会实践活动，结合专业进行社会调查等，使学生通过亲身感受来树立起正确的世界观、人生观、价值观。集体主义教育是建立良好班风的重要表现，班主任从一开始就要融入整个班级中，作为班级成员带领学生实现全面发展。

（二）组建学生信任的班委会和团支部

新生一开学就要组建班委会和团支部，优秀的班委会和团支部不仅是学生所期盼的，也是班主任的得力助手。班干部特别是主要干部，即班长和团支书，在班级中所起的是核心骨干的作用，是班级活动的组织者和倡导者。

在第一次组建班委会和团支部时，班主任可以采取让学生自荐的方式，要求他们写出任职报告并进行竞选演讲，得到全班同学认可后，班委会和团支部就组建成功。自荐班委试用两个月后，再进行第二次选举，这次主要根据班委会、团支部工作两个月以来的情况和名望进行民主投票来确认班委成员，由此调动学生干部的积极性。班委会、团支部组成后，班主任应加强对干部成员的培养和教育。班主任要从工作内容、工作方法、工作艺术上进行指导，帮助他们处理好学习和工作的关系，处理好能力锻炼与为同学服务的关系。同时，更要在学习、生活上严格要求他们，使他们真正成为班级建设的带头人。当班干部有了一定的工作经验后，班主任要大胆地使用他们。不要束缚他们的手脚，让他们自由探索搞好班级工作的新路子，班主任发现工作中的不足时应及时指出；当他们在工作中遇到困难时要予以鼓励；对他们工作中的失职，班主任应主动承担领导责任；对他们工作中的成绩要给予表扬和奖励。

（三）帮助学生树立正确的人生目标

没有灯塔，航行会迷失方向；没有目标，人生就会失去追求。这个时代大学生的特点是逆反心理强，不愿别人强迫他们去做什么、去想什么，所以只能引导他们。而只有深入了解他们，才能给予正确的引导。治标先治本，要走近学生，深入到学生中去，深入了解他们的内心世界，因势利导，从而帮助他们树立正确的人生目标和坚定的职业方向。班主任可通过一些学生感兴趣的话题或班级内的一些琐事，多跟学生交流，使学生对班主任产生亲切感，消除原来师生间可能存在的隔阂，让他们感到班主任不仅是他们可亲可敬的老师，更是可以信赖的朋友，从而让他们由被动地接受班主任的观点，转变为主动地接受。

班主任通过了解学生对班级管理的一些看法，可以打开学生的话匣子，学生可能愿意把自己的未来打算讲出来，甚至把自己的秘密也和盘托出。其实，有的学生很乐意与班主任交谈的，这样班主任就很容易了解学生的思想动态，从而给他们指明道路，树立起正确的人生目标。

（四）培养学生团队精神和集体荣誉感

要学做事，先学做人，有的用人单位把具备团队精神作为聘用人员的一个重要条件。一个思想品质差、自私、狭隘的人，即使他技能超群，也可能会被拒之门外。一个没有向心力和凝聚力的集体，很难在竞争激烈的大潮中生存和发展，用人单位在招聘时，也会使用各种方法检验一个人的思想品质。然而，现在很多学生都是以自我为中心，个人主义较强，班主任作为班级的领导者和组织者，在带领学生参加集体活动时，要抓住时机及时对学生进行教育，增强集体的凝聚力，培养他们的集体荣誉感，让学生意识到成绩的取得不是靠哪一个人，而是靠每一个人，要做集体的合力，而不是分力，要相信“团结就是力量，众人拾柴火焰高”。

（五）教育学生正确地处理人际关系

现在的学生大都生活在十分幸福安逸的环境中，娇生惯养，任性是他们的通病，别人说不得，骂不得，而工作后免不了与人打交道，如与单位领导、同事之间等，工作中有时会受到领导和同事的指责、批评，还可能会受到委屈。这时学生就应该学会调节自己的心态，处理不当势必会影响工作和发展。而良好的人际环境，将会给工作带来无限的快乐，相反，则会身心更加疲惫。因此，班主任应尽早地给学生上好这堂课，如在处理同学、师生关系方面进行触类旁通的教育，助其学会与人交往的本领和技巧，养成健康的心理，让学生学习正确地处理人际交往的各种问题，从而建立融洽的人际关系。

（六）协调统一校内教育力量

学校工作是复杂的、多样的。学校各个部门的工作，几乎都离不开班主任。教育、教学、总务、体育卫生、课外科技文体活动以及共青团、学生会工作等，都需要通过班主任或者在班主任的支持协调下进行。这些工作从德育的角度看，都是对学生进行德育的重要途径，相互之间有密切联系。有人说，在学校每条渠道都通向班主任；还有更形象的形容：“班主任像针鼻儿，各项工作的线都要纫进这个针鼻儿。”班主任的协调，把校内各项工作在本班范围内组织成为一个整体，以整体的力量对学生施加教育影响。从另一个角度看，班主任还是联系本班各科教师的纽带。一个班的学生要学习多种学科知识，要参加各种各样的活动，需要本班全体任课教师相互配合，团结一致才能开展工作。如果说任课教师更多地对学生的某一方面负责的话，班主任则是对学生的整体发展负责。各门课程的学习以及德、智、体、美、劳几方面的发展，都要落实在班里的每一个学生身上。要使学生全面发展，离不开班主任的组织和协调。教育学生是很复杂的工作，有关教师必须成为一个坚强的集体，对学生进行统一的教育。“各吹各的号，各敲各的鼓”，是无法教育好学生的。通过班主任的主动联系，形成本班任课教师团结协作的集体，并通过这个集体去教育学生，也是班主任纽带作用的重要体现。

（七）协调统一校外教育力量

学生作为社会的一员，他们的思想品德的形成，不是学校单方面教育的结果，而是在一定社会条件下，在人们相互间经济、政治、思想、文化的相互交往中，在社会、家庭、学校多方面教育影响下形成和发展的。学校教育、家庭教育和社会教育，从根本上说目标和力量是一致的。但由于旧思想、旧习惯以及其他各种复杂的原因，三者在教育学生方面又往往存在许多矛盾，有时还是很尖锐的矛盾。学校教育必须充分发挥主导作用，积极争取家庭与社会的配合和支持，强化积极影响，抵制消极影响，使三种教育力量形成合力。统一教育目标和教育要求，避免互相牵制、逆向施教。班主任是学校与家庭、社会联系的直接代表，是沟通学校、家庭和社会的桥梁。班主任必须关注社会，走向家庭，对来自各方面的多、广、杂的信息进行鉴别和筛选，给予必要的协调和正确的导向，最大限度地增加社会影响和家庭影响的可控性。

第三节　职业院校班主任工作的特点与角色转变

一、职业院校班主任工作的特点

（一）班主任工作的基本特点

1. 抓好班级，带好学生，体现出工作的教育性

班主任工作的教育性特点是由我国社会主义学校办学的根本目的、班级在学校工作中的作用以及班主任应当担负的职责决定的。学校在现代社会中是个体成长的必经场所。学校教育是影响个体发展的最有效因素，在个体的发展中起着主导作用。因为学校总是根据一定社会的需要有目的、有计划、有组织地进行培养人的教育活动。我国社会主义学校办学的根本目的是培养社会主义事业所需要的全面发展的建设者和接班人。这既是由我国社会主义社会发展的需要决定的，同时又是与人的发展的要求相一致的。

班级授课制是现代学校教育的基本组织形式。学校教育就是通过这种基本形式，向学生传授科学文化知识与技能，发展学生的智力和能力，培养学生正确的思想政治道德观念，形成良好的思想品德与行为习惯。因此，班级是现代学校中的教育实体。在这个教育实体中，除了通过课堂教学实施学校教育的基本活动之外，还必须在学校统一的领导下，根据班级的具体特点，有目的、有计划地开展各种课堂教学以外的教育活动，即实施班级教育活动。这种班级教育活动，既从属于学校教育，是学校教育的具体落实，又服务于学校教育，是学校教育的补充。因此，班级教育是现代学校教育的基石。

班主任是班级教育活动的组织者、管理者和指导者。班主任有组织和培养班集体的责

任，要带领全班学生进行文化科学知识的学习，培养良好的思想品德和行为习惯，锻炼健康的体魄。同时，还要协调班级各任课教师、学生家庭和社会诸方面力量共同担负起塑造学生全面素质的责任，真正实现班级在学校教育中的作用。因此，教育性是班主任工作首要和根本的特点。

2. 更新教育观念，提高育人能力，体现出工作的先进性

当今世界，科学技术迅猛发展，国际竞争日趋激烈，几乎所有国家都在经历着生活方式、思维方式和价值观念的变革。在我国，随着改革开放和市场经济的发展，新事物和新观念不断出现，生活方式日新月异。班主任必须正视这一现实，面对新的形势，转变教育观念，提高育人能力，体现出班主任工作的时代性和先进性。主要表现在以下三个方面：

第一，在培养目标上，要树立正确的学生观，把大学生培养成为具有个性特长和创造精神的人才。在传统班主任工作中，有些班主任只把分数作为评价学生的唯一标准，把“听话”“老实”当作思想品德好。然而，由于我国政治生活、经济生活和文化生活的发展，大学生也解放了思想，开阔了视野，增长了才干。他们勤于思考，敢于创新，交际广泛，信息灵通。用“老实”“听话”衡量学生和用“分数”束缚学生的方式，已不能适应时代对人才的需要了。班主任必须面向现实，放眼未来，鼓励学生树立坚定正确的政治方向，不盲从，不盲动，善于运用所学知识解决实际问题，为实现共同理想而奋斗。

第二，在师生关系方面，要树立民主平等观。长期以来，有相当一部分班主任把自己与行政上的领导完全等同起来，在处理与班级学生的关系时，把学生看成是单纯的被领导者，对班主任只能服从，只能根据班主任的意志进行学习和活动。甚至当学生对班主任的某些不正确的做法或意见提出异议，或要求矫正时，有些班主任却认为学生是不服从管理，对其加以压服。随着时代的发展和教育管理理念的进化，传统的管制和压服的方法已越来越显现出局限性。因此，班主任是班级集体的组织者、教育者和指导者，而不是领导者。这一观念体现了新型的民主平等观，是十分正确的，也是完全必要的。它有助于调动班级学生的积极性、主动性和创造性，有利于发扬教育民主，充分发挥每个学生的个性和特长，也有助于班主任摆脱“事务主义”的束缚。当然，树立新型的、民主平等的师生关系，并不是一件轻而易举的事，它反映了教育思想上的一个新突破，也是班主任工作在指导思想上的创新。

第三，在活动形式方面，要坚持开放的整体教育观。班主任要从以往那种局限于课内和校内的单一化、封闭化的做法中解脱出来。应该看到，现代社会交流广泛，校外教育机构越来越多，电视、广播、图书馆、书刊、互联网等，为交流信息和传播知识提供了极为便利的条件。它们能使学生获得广博的知识和从事实践活动的能力，并从各种活动中受到有益的品德影响。因此，班主任要充分利用课外、校外的有利条件，积极主动地通过多种渠道，采取多种形式，开展生动活泼的课外教育活动；同时，还要依靠各科教师以及家庭和社会教育机构的共同努力，使各种优越条件都能够得到充分发挥，使各种教育力量协调一致，取得最佳的整体教育效果。

3. 统筹兼顾，协调统一，体现出工作的全面性

班主任受党和人民的重托，肩负着教育和培养社会主义接班人的历史任务。这项工作的教育性特点决定了班主任工作同时也具有全面性的特点。班主任工作的全面性可以从以下三个方面加以理解：

第一，班主任工作内容的全面性。班主任的每项工作都是为了造就个性完善、素质全面的人才，即担负着使学生在德、智、体、美、劳诸方面全面发展的重任。也就是说，班主任既要教会学生知识，又要教会学生学习；既要使学生具有较高的文化素质，又要教给学生做人的道理，培养他们高尚的品德；既要增强他们的身体素质，又要提高他们的心理素质。若仅仅局限于某个方面，如智能或文化知识方面，这样的教育就是片面的教育。片面的教育不利于大学生的健康成长，不利于国民素质的全面提高，当然也不符合社会主义事业发展的需要。

第二，班主任工作对象的全面性。班主任的每项工作都应当着眼于全体学生，而不能只着眼于部分或少数几个学生。只关心和培养少数优秀生而冷落和抛弃那些表现一般的学生，是不全面的。学校是培养人的“工厂”，但是班主任对待有毛病、缺点的学生或暂时在学业、品德方面落后的学生，不能像工人对待不合格的产品那样扔到废品堆，而应加倍努力地给予关心和教育，帮助他们克服自身的毛病和弱点，摘掉落后的帽子。

第三，班主任工作时空的全面性。学生在成长过程中，不仅受到来自学校的教育影响，而且还受到来自家庭和社会的各方面的积极的或消极的影响。因此，班主任不仅要关心和了解学生在学校接受教育的情况，而且要关心和了解学生在校外活动的情况；不仅要关心和了解学生在学习期间的情况，而且要关心和了解学生在假期生活中的情况。要随时随地把握学生发展的脉搏，并且争取在最大限度的空间和时间内，深入学生活动所及的领域开展教育工作，发挥积极健康的因素对学生的教育培养作用。例如，组织各种夏令营活动，开展家庭访问，聘请模范人物担任校外辅导员，举办面向家长的教育科学知识座等，把学生的活动尽可能地纳入健康有益的轨道之中。

（二）职业院校班主任工作的具体特点

1. 创新教育方法，因材施教，体现出工作的创造性

班主任的工作对象不是物，而是具有一定的天赋、理智、情感、意志以及各种独特个性品质的活生生的人。因此，在班级教育管理过程中，存在着各种矛盾和各种复杂的关系，需要班主任认真地加以解决和处理。班主任既要按照国家制定的统一要求培养教育学生，又要根据他们的个性特点，因材施教，使每一个学生都得到充分发展。这就要求班主任必须掌握正确的教育方法，充分体现工作的创造性。主要表现在以下几个方面：

第一，要处理好开放与禁堵的关系。当代大学生除了从老师、家长那里接收信息和受到思想影响外，还要受到社会各种思潮的冲击，因而个性比较开放，思想比较活跃，具有明显的独立性。如果仍然用传统的教育方法进行工作，就很难培养出具有现代素质的大学生。班主任工作必须适应学生特点，更新教育方法，要把学生从教室和学校的狭小圈子里

“放”出来，为学生接触社会、接触自然打开“绿灯”，以开阔学生的视野，提高学生适应社会的能力。当然，在开放的条件下，也可能有一些不利因素。对此，班主任应该做到放中有防，疏中有禁，导中有堵。一方面要相信学生，让他们到社会上经风雨，受锻炼，增强辨别是非、抗拒腐蚀的能力；另一方面要防患于未然，加强指导，帮助学生抵御那些不健康的东西。只禁不放，学生思想僵化；只放不防，听任自流，也就失去了班主任工作的意义。

第二，要处理好管理与自治、自理的关系。在管理方法上，要从“管教型”转变为“自主型”。学生围着班主任转，班主任的工作就是管教学生的做法已经过时了。现在的学生思想活跃，要求民主管理，再用“管、卡、压”的方法，即使苦口婆心，辛辛苦苦，也难以收到好的效果。因此，班主任必须尊重和信任学生，发挥学生的积极性和主动性，给他们一定的自主权，让他们进行自我教育，运用自己的思考和集体的力量来开展班级工作，并通过学生自治、自理能力的培养，达到自强、自主的目的。但是，大学生正处在成长阶段，缺乏社会经验，独立生活能力不强，因而班主任还必须加强对他们的指导，而不能放手不管。班主任的指导作用，一方面体现在对学生加强政治教育，辨别是非观念，明确道德准则的指导；另一方面体现在对学生自理、自立、自主能力培养的指导。在班级管理过程中，班主任的指导作用要和学生的自主精神相结合，以充分调动班主任与学生两方面的积极性。

2. 以身作则，为人师表，体现出工作的示范性

班主任工作的示范性，表现为班主任要把自身各种特性作为手段去影响和感染学生，使学生受到潜移默化的影响。正如孔子所言：“其身正，不令而行；其身不正，虽令不从。”班主任工作的示范性是一种客观存在。这是因为，学生一般都有“向师性”心理，从幼儿园到大学生都有模仿班主任行为的倾向。特别是大学生，一般都有较强的求知欲和完善人格的需要，对学识渊博、品德高尚的班主任有着崇拜、爱慕的心理。而班主任又是班级的教育者和指导者，在学生的心目中更占有特殊的地位，班主任的一言一行更容易对学生产生耳濡目染的影响。班主任工作的示范性，不但是客观存在的，而且也是强烈的。这是因为它持续的时间长而且连续，它不仅体现在班主任的教育活动过程中，而且体现于此外的更长的时间里。每一个学生也都有这样的体会：求学生涯中一些教师随着时光的流逝渐渐淡忘了，而最难忘最美好的记忆是属于班主任的。

班主任工作的示范性体现在教育活动的诸方面，既表现在进行知识信息的传递和转换的过程中，如教学中的教材分析、知识的论证、模型的制作、实验的演示，又表现在班主任自身的治学精神和科研水平上，如求知精神、科学态度、思维方式；既表现在班主任的思想和行为风貌上，如世界观、政治立场、道德修养、行为作风，又表现在班主任所特有的人格品质上，如情感、气质、性格、风度等。这一切，无不对学生产生强烈的影响。在这里，班主任作为教育者与其教育手段是融为一体的。这一特点决定了班主任要时时处处以身作则，为人师表。在思想道德、语言作风，甚至衣着、仪表等方面，班主任都应成为学生的表率。

3. 科学组织，合理安排，体现出工作的高效性

班主任作为班级的组织者、管理者、教育者和指导者，工作千头万绪。要实现班级目标，班主任必须合理地利用人力、财力和物力，讲求工作的效率，才能取得最佳效果。要保证班主任工作的高效性，必须注意以下几点：

第一，科学安排各项工作。班级工作纷繁复杂，哪些是经常性的，哪些是临时性的，都要心中有数，并进行周密的计划和合理的安排。要使班级工作有组织、有纪律、有条不紊地进行，从而避免重复劳动和无效劳动，克服工作中的忙乱现象。

第二，合理有效地利用时间。班主任要特别重视时间的充分利用，能科学地支配时间。要善于根据工作的性质和需要来选择时间和活动方式。有时要化整为零，分散进行，如个别谈话、小组座谈；有时则化零为整，合并进行，如把几次班会时间集中起来搞一次郊游参观之类的活动等。要注意劳逸结合，有张有弛，不搞疲劳战术，如开班会到了下课时间还不结束等。

第三，坚决果断，真抓实干。班主任自己认准了的事情，行动要坚决果断，不能犹豫不决，左右摇摆，做着说着，随兴而至。对班级各项工作，都应从实际出发，注意效果。要把正确的教育内容与生动活泼的教育形式结合起来，不追求形式，不搞花架子，不哗众取宠。

4. 常抓不懈，严格管理，体现出工作的经常性

班主任与学生的关系特别密切，接近班级学生的时间和机会比其他任课教师要多很多。每天从早到晚，从课内到课外，从校内到校外，都要和学生接触。班主任每天都要处理从班集体到个别学生的各种各样的问题和事务，这就体现了班主任工作的经常性。班主任经常性的指导、辅导工作应注意以下几个方面：

第一，抓好班级的日常管理工作，建立良好的班级常规。一个班级，每个学生都有各不相同的情况和特点。班级中有着大量的日常工作，如干部选拔、座位编排、清洁卫生、布置教室、团队工作，甚至像自习考勤、早操等，都要井井有条地开展。通过建立良好的班级常规和正常的秩序，保证学校教育和教学计划的顺利开展，是做好班主任工作的基础。

第二，事先做好各项准备工作，把大量的经常性的班级事务工作，有计划、有步骤地组织起来。日常管理上有大量琐碎的小事，班主任要通过点点滴滴的班级小事，充分发挥教育作用。如在学生的座位编排上，要注意座位的光线、学生的性别和友情，因为这些都会引起学生不同的选位需求。班主任需要事先了解这些情况，排位前进行思想教育。要教育学生发扬集体主义精神，互谅互让，照顾视力差的学生。班主任要不辞辛苦、任劳任怨、持之以恒地抓住日常管理，以培养学生美好的心灵和良好的日常行为规范。

第三，充分发动群众，依靠群众，抓好班级的经常性工作。经常性的班级工作只依靠班主任是不行的，必须走群众路线，充分发动群众。如有的班主任不仅把班干部、小组长发动起来，而且使全班学生一人一职。这样既可使班主任从日常琐事中解脱出来，又能培养学生自我管理，为集体、为同学服务的思想和能力。

5. 面对全体学生，全方位育人，体现出工作的复杂性

班主任工作的复杂性是由教育对象、教育内容以及教育过程的复杂性决定的。班主任

的工作对象是有感情、有理智、有个性的学生。他们来自不同的家庭，在生理和心理上千差万别，行为表现也各不相同。同时，学生是社会生活的一员，他们会受到来自社会、家庭和学校各方面的影响，学习、思想和品德诸方面会千变万化。因此，班主任的教育对象是复杂的。班主任的工作目标是按照国家规定的教育方针把学生培养成为德、智、体、美、劳全面发展的人。这就是说，班主任既要向学生传授知识经验，又要开发学生的智能；既要教会学生读书，又要教会学生做人。同时，班主任既要按照教育方针规定的统一标准来培养学生，又要按学生的不同特点，提出不同的教育要求和采取不同的教育方法，因材施教。因此，班主任的工作内容是复杂的。

班主任教育学生的工作过程是一个以知识信息的传递和转换为主要手段的脑力劳动过程。其中，班主任积累、传递和转换知识的过程是一项非常复杂的脑力劳动。而在教育学生的过程中，学生并不是机械被动地接收班主任所传递的知识信息，并不只是教育的对象和客体，而是可以通过教育和自我教育转化为教育的主体。学生这种既是教育的客体又是教育的主体的双重性，使得班主任工作的成效不只取决于班主任个人的努力和能力。班主任要把学校教育的影响转化为学生自我教育的自觉要求和能力，才能取得教育工作的成效。另外，学生发展成长的过程不仅受到学校教育的影响，还会受到家庭和社会各方面因素的影响。这种影响教育成效因素的多重性，使得班主任在教育学生过程中，不仅要在校内通过各种教育活动对学生施加积极影响，而且要沟通学校与家庭、社会的关系，协调统一各方面的积极因素，共同作用于学生的成长发展过程，这样才能保证正确的教育因素在学生活动的所有时间和空间内发挥积极作用。因此，班主任工作的过程是复杂的。

6. 班级无闲时，时时在育人，体现出工作的艰苦性

班主任工作的目的是把学生培养成才，培养成为符合社会发展需要的社会主义事业的建设者和接班人。这一工作过程是极其艰苦的。学生是班主任的教育对象，而学生又是有思想意识、有主动性的个体。他们在教育过程中的一切思想和行为以及他们能否接收教育和接收教育的程度，都要受到其自身意识的支配。这就要求班主任要善于把教育目的转化为学生的自身需要，形成学生的自觉行动。只有当班主任的教育目的与学生的自觉要求发生规律性的联系时，才能实现教育活动的目的。无论是学生知识经验的增长，思想认识的提高，技能技巧的掌握，还是行为习惯的养成，都是有规律的。但是，探索和掌握学生思想成长和行为活动的规律并运用它来设计教育活动，并不是一件轻而易举的事情。认识和掌握这些规律不易，而将这些规律运用于教育工作的实际就更难。因为教育对象是千差万别的，教育情境是千变万化的，需要班主任在实践中反复探究、反复摸索，这一过程绝不是一蹴而就的，而是一个长期而艰苦的过程。大学生是正在成长中的个体，他们的身心发展会受到多种因素的影响。作为有主动性的人，他们的活动范围大大超出了学校教育所涉及的范围。他们还会受到来自家庭、社会多方面的影响。班主任要在多种影响纵横交错的情况下，随时掌握每个学生的思想脉搏，并施加健康的教育影响，把他们培养成为符合发展需要的一代新人，这无疑是一个极其艰辛的系统工程。因为这意味着班主任必须争取一切可能的空间和时间，深入到学生活动所涉及的范围，使正确的教育因素尽可能在最大的

时间和空间范围内对学生发挥作用。所以，班主任的教育工作，在时间上具有连续性，在空间上具有广延性。班主任工作没有上下班的明显界限，没有限定的教育区域范围。班内、班外都是工作时间，校内、校外都是工作地点。班级无小事，事事在育人；班级无闲时，时时在育人。班主任在这种较高的时空要求中，所付出的时间和精力都是无法衡量的。

二、班主任的角色转变

基于和中小学班主任的横向比较，以及和不同时代高校班主任的纵向比较，可以看出，新时期的高职班主任应做如下的角色转变。

（一）由“保姆”型转变为“向导”型

中小学生由于年龄特点，在心理、生理方面还发育不成熟，有很多事情不能自理。这时的班主任所担当的角色不光是老师，还担当“保姆”的角色。上至学生的学习，下至学生的人际关系，甚至是吃喝拉撒，班主任都要操心。而大学生由于身心发展的成熟和独立思维能力的形成，他们更希望自己思考问题，也渴求通过自己的努力验证自己的想法或实现自己的目标。大学生具有相对较强的思维能力，他们能从老师言简意赅的话语中领会意思，所以不喜欢像中小学那种唠唠叨叨的班主任。大学生具有很强的判断能力和探索问题的能力，因而高职班主任不能像中小学的班主任一样告诉学生该做什么，该怎样做。大学生对这样婆婆妈妈的班主任是很反感的，甚至会对这样的班主任产生逆反心理，认为这样的班主任限制了他们潜能的发挥。大学生总认为自己已经成人，很多事情都想亲身实践一下，班主任过多的解释反而会抹杀他们的好奇心。有此特征的大学生更想开辟一片自己的天地，不希望家长和老师对自己的事情过多干预。和中小学的教师相比，高职班主任要转变自己的角色，他更应该像个“向导”或“引路人”，要给大学生宏观方面的指导，而不是手把手地教大学生怎么做。

（二）由专制的“家长”转变为民主的“朋友”

无论是中小学的班主任还是以前的高校班主任，多少都带有专制的家长作风。在一个班级里班主任就是权威，说什么就是什么，有时学生有想法也不敢说。因为在那样的环境里，有奇思妙想的或不听话的孩子经常被视为异类，而被老师和同学孤立。采用家长制的班主任多是从个人利益角度考虑的，因为家长制方便他们实行管理。其结果是批量生产出了听话的学生，给学生造成的直接影响是他们没有自己的主见，人云亦云，不敢发表自己的真实想法。一个人想支配另一个人的那种人际关系无法长存，只有建立信赖关系，只有尊重同类的不可支配的人格，人际关系才能够长久存在。高职班主任在大学这个独特的环境中，要承认大学生作为人的客观存在，他们具有自身的尊严和人格，是自由的也是充满活力的；要明确大学生教育本身就具有维护人的独立性的使命，帮助被教育的人，让他们发展自己的能力，完善他们的人格，破除在学生评价标准上的保守思想，彻底抛弃“老实”“听话”这些传统的评价标准。班主任有责任为大学生提供交流平台，也就是为大学生提供一个宽松民主的空间。作为班主任，首先应该放下自己师道尊严的架子，以朋友的身份提供这个民主的空间。在这样的环境里大学生才能畅所欲言，把自己的真实想法说出来，班主任也能借此渠道了解学生。不同的环境造就了不同的人，民主制班风里培养的学生活泼，思维活跃；家长制的班风里培养的学生追求划一，不敢表达自己的想法，缺乏自信。高职班主任必须改变传统的、权威的、专制的师生关系，建立相互理解、相互信任的新型的、平等的、民主的师生关系。

（三）由"成绩关注者"转变为"精神关怀者"

班主任应具备实施精神关注的意识和素养，更应具备实施精神关怀的具体操作方法，使精神关怀贯彻到教育的全过程，使每一位学生在充盈着精神关怀的环境中，真实地感受到精神关怀的存在，体验着精神关怀，践行着精神关怀，从而形成关怀精神。精神关怀是班主任专业化的核心内容。教育实践表明，一个班主任仅仅拥有知识和能力，还不足以成为好班主任；班主任对学生的精神关怀，班主任自身的情感人格，是影响班主任工作质量和水平的重要因素。班主任的精神关怀是很广泛的，关心、理解、尊重、信任是精神关怀的基本表现，也是学生基本的精神需求，因此，在实际工作中，班主任精神关怀应当体现在注重学生的个体差异，关注学生的精神需求，唤醒学生的主体意识，促进学生的全面发展等方面。首先，注重学生的个体差异，研究其产生和发展的规律，以便恰当地采取有效对策与方法，是班主任精神关怀的首要问题。其次，要关注学生的精神需求。学生的需要包括物质需要和精神需要。班主任的精神关怀应充分尊重和理解学生的这两种需求，引导学生通过努力实现自己的价值来满足这两种需求。班主任的精神关怀并不排斥物质关怀，但其内在的尺度主要表现为学生的精神需求。第三，唤醒学生主体意识的觉醒。班主任对学生进行精神关怀，不只是向学生灌输一些思想道德修养的知识，或将一些外在的社会道德规范强加给学生，而是注重唤醒学生的主体意识，不断激发学生的主体发展欲望，使之自觉地将外在的社会规范、要求内化为自身的成长、发展需要，从而在内心获得一种提升境界、完善人生的动力。

第四节 班级与班级管理

一、班级的内涵与功能

（一）班级的内涵

关于班级的含义，教育界尚未形成一致的看法。有人从社会学的角度出发，认为"班级是一个以学生为主体，以个体社会化为目标的社会体系"；也有人从教育学的角度出发，认为"班级是由年龄相近、学业程度大致相同，有共同学习任务的学生群体组成"。笔者认为，班级是学校为实现一定教育目的，将年龄和知识程度相同或相近的学生编班分级而形成的有固定人数的基本教育单位。

在奴隶社会和封建社会里，世界各国学校普遍采用个别教学的组织形式。如我国奴隶社会和封建社会的官学和私学、英国早期的平民学校、日本的“寺小屋”等，都是在一个屋子里聚集着年龄悬殊、学业程度不等的学生，班主任对学生个别施教。教学内容和教学进度各不相同，教学时间没有统一安排，修业年限也不固定，学生可以随时入学和退学，教学效率一般都很低。个别教学，是奴隶社会和封建社会个体手工业生产方式在教学组织形式上的反映。随着资本主义生产方式的建立和科学技术的进步，对劳动者素质的要求越来越高，因而对学校教育提出了新的要求。第一，扩大教育对象的范围。学校教育不仅培养统治阶级的子弟，还要培养通晓工业、商业等多方面知识的为资产阶级服务的人才，以及能够从事各种生产的劳动者。第二，增加教学内容。学校除传递思想道德观点和一般知识外，又增加了自然、技术、艺术、职业等学科的内容。第三，规定教学期限，加快教学进度，以便尽快地如期培养各种人才和劳动者，以适应社会发展的需要。同时，劳动者特别是工人阶级为适应生产的变革，也在为获得受教育权而斗争。这样，原来的个别教学已不能满足社会发展的需要，要求学校改革教学组织形式，班级教学便应运而生，取代了个别教学的形式。

班级教学早在16世纪就已出现萌芽。在欧洲一些国家创办的古典中学里，就出现了班级教学的尝试。如法国的居耶纳中学，分为10个年级，以十年级为最低年级，一年级为最高年级。德国教育家斯图谟在斯特腊堡主持古典文科中学，也采取了分年级教学制度。到了17世纪，捷克教育家夸美纽斯于1632年发表了他的代表著作《大教学论》，他在总结前人和自己教育实践经验的基础上，对班级教学做了较全面的理论上的概括，并建立了一整套班级教学制度，从而奠定了班级教学的理论基础。此后，班级教学为许多国家所采用，大大提高了教学效率，因而逐步得以推广。我国最早采用班级教学是在1862年，即清政府在北京开办的京师同文馆，它是培养“译员”“通事”的外国语学校，该馆采用了分级编班的教学组织形式。1901年12月，清光绪皇帝下令全国废科举，兴学校。1902年，又颁布了《钦定学堂章程》，要求各校通行班级教学。从此，班级教学制在我国学校普遍开展。时至今日，教学组织形式虽有多种，但班级教学仍为我国各级各类学校的基本组织形式，为社会主义现代化建设培养了大批人才。

班级一般是由班级活动主体、班级环境和班级管理过程等要素构成的一个复杂的动态系统。所谓班级活动主体，主要是指班主任和学生。班主任对学生的各项活动进行组织和指导，是班级的管理者、组织者和教育者，负责把握班级管理的目标、进程、对象和活动过程。从这个角度上讲，班主任在班级管理活动中起主导作用。而学生不仅是班主任班级管理活动的客体，同时又是班级活动的主要承担者，在班级管理活动中具有主体作用。学生在班主任老师的引导下，积极参加一系列班级活动，通过发挥自己的主观能动性将班主任的教育要求转化为自己的实际行动。离开了学生的支持、参与与合作，班主任的教育要求就很难得以实现。所谓班级环境，主要包括班级的物质环境和精神环境两个方面。其中，班级的物质环境是指教室的布置、卫生状况等；精神环境是指师生之间、同学之间在活动和交往中形成的人际关系及相应达到的心理氛围，如教风、学风、班风、考风、集体舆论和班级传统等。环境的优劣对班级管理活动能否顺利开展有很大的影响。所谓班级管理过程，是指班主任和学生之间的积极互动过程。这一过程由班级管理目标、班级管理内容、班级管理方法、班级管理形式等要素构成，班主任围绕这几个要素组织形成一系列完整的班级管理活动。

班级不仅是一种社会群体，而且也是一种社会组织。“学校的社会因素及社会功能与社会的教育因素及教育功能都最直接、最集中地反映在班级这一社会系统之中。”作为社会群体，班级存在着群体成员之间的交往与互动，存在着一定的群体角色、人际关系和群体氛围；作为社会组织，班级具有作为教育基本单位的组织目标、组织机构体系、制度规范等。因此，在探讨班级和班级具体问题时，可以存在不同的研究视角。班级社会体系理论是欧美教育社会学理论的一个重要学派，该学派把班级看作是一种特殊的社会群体或社会系统，注重对班级结构和功能的研究，着眼于班级和课堂的人际交往、角色体系、学生亚文化等微观分析。班级集体力量则是苏联教育社会学的一个重要分支，该理论把班级看作是一种集体教育，注重研究班级群体的社会特征、组织体系、组织活动、社会环境等问题，以及班级群体如何由自在群体向自为群体的转变和飞跃。此外，随着学校管理学的进一步发展，部分国内外学者还尝试着从管理学角度，探讨班级作为学校管理系统中的一个子系统的计划、组织、协调、控制等问题。

无论何种研究视角，都必须始终关注班级作为有意识地组织起来的学生群体的特殊性，关注班级作为教育教学基本单位的特殊性，特别是关注班级作为具有专门化功能的社会组织的特性。在教育教学实践活动中，要想真正有效地发挥班级的育人功能，必须充分考虑班级作为社会群体或社会组织的诸种外在因素，如社会信息、社区环境、家庭氛围、学校文化等，也必须充分考虑班级作为社会组织的诸种内部因素，如组织结构、组织体系、制度规范、组织活动、人际关系和群体氛围等。

（二）班级的主要功能

班级是教育系统中的一个基本单位，它一旦形成，相对于个体来说，就会产生巨大的影响作用。

1. 教育功能

班级不仅是班主任对班级成员传授知识，发展智力和体力，进行思想品德教育，发展学生个性的主要场所，也是满足学生交往、友谊、娱乐、学习成就、自尊和荣誉等精神需要的主要场所，同时也是感染熏陶学生的主要环境。教育功能是班级的主要功能，如果不能发挥教育功能，班级就失去了其存在的意义。正如教育家苏霍姆林斯基所说：“学习是学生的主要任务，但是，学习并不是学生的唯一任务，而只是学生全部精神生活的一部分。”

2. 社会化功能

“人的社会化过程，就是作为一个‘社会学习者’和一个‘社会参与者’的人的全面发展过程。”班级是个体社会化的重要场所。班主任根据社会和学校的要求，有目的、有计划地向学生传递社会规范和价值观念，传授能使学生适应社会生活与生产的知识技能，培养学生担负未来社会角色的义务感和处理人际关系的能力，促进学生的社会化。在班集体形成之后，学生通过集体生活，逐渐认识社会生活准则，学会正确处理个人与他人、与集体、与社会的关系，学会服从社会的共同价值体系，履行自己的义务。班级成员在这种不断学习、内化和调适的过程中，促进着他们的社会成熟。

3. 个性化功能

个体社会化的功能，同时也是学生增长个人阅历、发展自己个性的过程。在班级中，班主任按照一定的社会要求促进学生的社会化，只是一个“外铄”的过程。要真正使得外在的经验个体化和个性化，必须遵循学生身心发展的基本规律，从学生个体发展的实际需要与可能出发，经由学生的内化机制和自主活动来加以实现。不仅如此，学生个体的这种个体化和个性化过程，也是他们不断地进行自我建构的过程。在有目的、有意识的班级活动与交往中，学生的自我意识可以不断得到唤醒，已经形成的“自我概念”和“自我印象”不断得到加工和改造。正是在这种“不断被唤醒”“不断被加工”的过程中，学生关于自我、社会和世界的思想观念以及独特的个性特征和自主生活方式才能逐步得以形成。

4. 归属功能

人类天生就有一种寻求伙伴、与人聚合的心理倾向，这种倾向反映在个体作为完整的人的需要层面，也就是人的归属需要。家庭是学生作为生活者和成长者的首属群体，而班级则是他们作为生活者和成长者的次属群体。对学生的归属需要的满足，是班级作为社会群体或社会组织的基本功能，只不过这种功能具有更多的正式组织的特征而已。

5. 选择功能

班级的选择功能是指班级可以为学生在多元价值观、多重社会角色以及不同的职业方向等方面提供多种参照和选择的可能。班级的选择功能具体表现在两个方面：一是通过班级的教育、训练、观察和考核，及时发现和选择各方面的人才；二是指导班级成员根据社会需要和自己的兴趣、特长选择职业。这种选择过程在班级教学中早就开始了，但在大学的最后阶段日益重要。例如，在班级组织和人际互动中，班主任可以通过设置不同类型、不同层级的岗位，以便不同个性、不同才能的学生都有机会得到某种锻炼，并让他们在任职、评选和交换过程中感受社会角色、岗位职责、人际交往的社会意义。

6. 管理功能

班级是学校教育工作的基层组织。其管理功能体现在：班级的各种教育活动都有确定目标、制订计划、组织实施、监督检查、总结提高的管理过程；学生的劳动、学习、文体与社会活动都有管理组织的过程；各种教育力量的沟通与协调也有管理过程等。通过这些管理活动，班主任使学生逐渐明确自己的责任和义务，形成主人翁意识和管理意识，培养和锻炼管理能力。

二、职业院校班级管理的特点

与普通中学的班主任相比，职业学校的班主任工作更加繁杂、琐碎，更具有挑战性。诚然，职业院校班主任没有升学压力，但却要面对各种各样桀骜不驯、个性张扬的学生，他们会为班主任制造各种预料不到的难题。所以，许多班主任在班级管理上投入了大量的时间和精力，却总难达到令人满意的教育效果。认真思索一下不难发现，其主要原因在于，部分班主任对职业学校学生的特殊性没有作认真的分析，没有做到有的放矢。兵家说："知己知彼，百战不殆。"班主任若不能对学生的特殊性作全面的了解、分析，只是套用自己上学时班主任的做法，就无法使班级管理工作有滋有味、精彩纷呈，无法赢得职业成就感。

与普通中学的学生相比，职业学校学生的特殊性主要表现在以下几个方面。

（一）谋职性

选择来职业学校学习的学生大都希望能在学校习得可以帮助其谋生的技能，以便在毕业后找到满意的工作。他们区别于普通高中生的一大特点就是，三年后他们中的大多数人要踏入现实社会，走上工作岗位。所以，作为高职学校的班主任，必须让学生明白"社会需要什么样的人才，学生就要成为什么样的人才。任何单位都不会欢迎懒散、虚伪、牢骚满腹的人"。这样的观念对班级管理极为有利，能激起学生向上、向善的愿望。

（二）成分的相对复杂性

职业学校的学生有从初中升上来直接就读的，也有一部分学生有过工作经历，班主任必须考虑到学生个体的差异性，才能做到因材施教、对症下药。对于有工作经历的学生，班主任更多的时候是他们的引领者、同行者，部分学生在某些方面甚至比老师还成熟，这些学生的经历也可以成为帮助其他学生成长的教育资源。因此，班主任应该明白，在与学生交往的过程中，大家都是教育者，同时又都是被教育者。要放下"师道尊严"的观念，真正用一颗谦虚的心与学生交往，只有这样才能做到"教学相长"，师生才会实现"双赢"甚至"多赢"的目标。

（三）转型性

职业学校的学生正处在身心发展的转折时期，直接面对社会和职业的选择，因而他们在自我意识、人际交往、职业生涯发展和就业压力等方面难免会产生各种各样的困惑和问题。这就需要职业学校的班主任更为用心地对学生进行心理辅导，对品学兼优的学生、暂时落后的学生、个性张扬的学生进行认真地分析，避免"一把钥匙开多把锁"。

总之，职业学校的学生在性格、行为等方面存在各种各样的矛盾：内心充满希望，又存在失落感；既满怀崇高的理想，又看重眼前的实惠。在面对理想与现实的矛盾和冲突时，容易出现动力不足的现象，学习态度也是千差万别。班主任若想将这些性格各异、接受能力不一、习惯差异巨大的学生凝聚到一起，成为一个优秀班集体，让每个学生都能在班级中找到自己的归属感，就必须实行民主与科学相结合的班级管理方法。

第二章　职业院校班级建设

第一节　职业院校班级建设理论基础

一、班集体概述

（一）班级与班集体

文艺复兴时期的著名教育家伊拉斯谟第一次使用了“班级”一词。他在1519年的一封书简中描述了伦敦保罗大教堂的学校的情形：在一间圆形的教室里，教师将学生分成几个部分，分别安排在阶梯式座位上。这样，“班级”的意思就明确了。“班”所表示的是一群人，“级”所表明的是学生的发展程度。所以班级就是校内行政部门依据一定的编班原则把几十个年龄和学龄相当、程度相近的学生编成的正式群体。

班集体与班级不同。班集体是班级群体发展的高级形式，它是由整个班级组成的，以完成学校教育任务为共同目标，有一定组织机构、规章制度的学生共同体，是一个班全体成员的整体称谓。

换句话说，学生分班之后，就有了班级，但师生之间、学生与学生之间彼此陌生。虽在同一个教室里学习，但关系并不密切。此时，还不能说这些同在一起学习的学生是一个班集体。随着共同学习、活动的增多和班主任工作的开展，班级产生了班委会、活动小组等组织，同学之间开始彼此相识，逐渐产生了认同感和归属感，此时班级就开始走向班集体。

（二）班集体形成的标志

《德育与班级管理》表明，班集体的形成一般应具有四个标志：共同的目标、健全的组织、正确的舆论和优良的班风（图2-1）。

1. 设定共同目标

当班级为一个共同的、统一的目标达成一致时，即是班集体形成的首要标志；共同目标在建设班集体的过程中，有着向导、推动和标准的作用。

班级建设目标依据不同的标准，其分类也有所不同，如按目标时限，可以分为长期目标、中期目标与近期目标；按目标层次，可以分为总体目标与分目标。

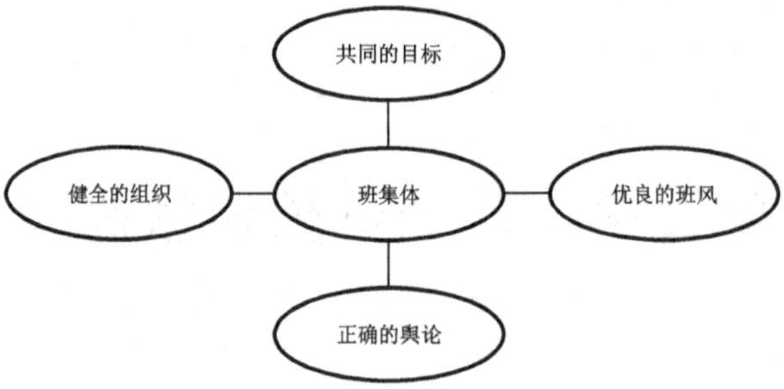

图 2-1　班集体形成的标志

2. 组建健全组织

班级的建设离不开一个健全的组织体系，这里面包括了形成组织的成员的职责与角色，如班委、小组、团队等。这些都属于正式的职责组织，在教师的指导下，依据一定的纪律标准等，进行教育活动。而其中的角色多由非正式组织成员构成，如每日生活委员、每月进步最快同学、每月的成绩状元、最受欢迎同学、最乐于助人的同学等。

3. 引导正向舆论

群体中的舆论反映了当下群体的主要思想趋势、态度、意愿和价值观等，班集体中的舆论亦是如此。对于一些问题或冲突所反映出来的是非、对错、美丑，舆论对这些事件做出了“无形的裁判”，让身处舆论中的人感到压力，并因此对行为做出调整或改变。因此形成正向的舆论具有让人无法忽视的影响力。

正向舆论是对符合当下社会价值标准的美好事物与道德品行的支持与鼓励，也能在班集体中产生正向引导和内驱力的作用，推动和保护集体克服不良的行为或消极现象，并能在学生面对不良事件时给予信心与勇气，在集体中促进良性循环发展。

4. 营造良好班风

作为班集体精神面貌与行为作风的一面镜子，良好的班风对班集体的塑造和凝聚有着潜移默化的重要力量；以团结友爱、勤奋好学等优良品质作为标杆，并影响每位学生的思想和行为，是班集体在教育实践过程中不可替代的集体精神纽带作用。

二、班级建设的三个阶段

班级的发展水平大致可以分成三个阶段：班级初建阶段、班级发育阶段、班级成熟阶段。

（一）班级初建阶段

班级建设可分多个阶段，《让班级成为师生的精神家园——班级建设的理论与实务》

对这些阶段做了详细分析。初建时期以班主任为中心人物，从班委的组建到班级规章制度的制定等都需要班主任的引导和策划。处于这一阶段的班级主要有以下特征（图 2-2）：

（1）班级目标。班级中的组织目标是由班主任按照学校的育人总目标制定的，还没有结合本班的实际情况，也没有内化为每个学生的个人目标。

（2）领导核心。班主任任命一部分学生为临时的班委，以协助其开展班级管理工作，班干部还未发挥核心作用。

（3）组织机构。班主任在初步了解学生的基础上，指定班级临时领导小组，并根据排座位时自然形成的小组，建立班级行政小组。

（4）班级制度。班级各项规章制度是按照学校的规章制度以及学生的初步讨论所制定的，这些规章制度是维持各种秩序的主要工具和手段，但还未得到践行。

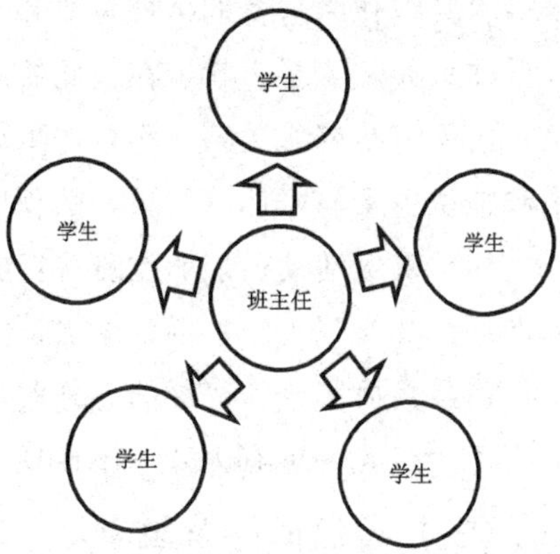

图 2-2　初建阶段的班级特征

（5）人际关系。学生缺乏充分的交往，彼此陌生，相互之间存在一定的戒备心理。

（6）班级活动。班级活动往往是由班主任决定其主题、内容、形式，然后指导班干部予以实施。学生的积极性不高，每个人从自己的角度理解并参与班级各项活动。

（7）集体舆论。班级良好的集体舆论尚未形成，对于学生中出现的好人好事或不良现象，主要依靠班主任提出表扬或批评。

（二）班级发展阶段

通过共同活动的开展，学生之间了解得越来越深，学生主体的主动性和积极性开始显示出来。此时，班级的主要特征有（图 2-3）：

（1）班级目标。班主任利用各种途径向学生宣传解释目标管理的意义，激发学生的参与意识。在此基础上，研究分析班情。分解整体目标，将班级目标分解成小组目标，将长远目标分解成近期目标。并要求学生根据自身特点，制定出个人长远目标和近期目标。

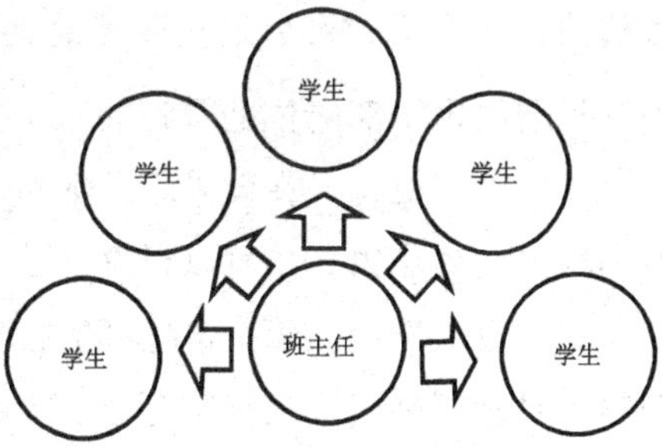

图 2-3　发展阶段的班级特征

（2）领导核心。在大家互相了解的基础上，班干部可以通过其他方式选举产生。班干部分工明确，各司其职，能够主动帮助班主任管理班级。班主任加强对班干部的培养，使班干部的能力不断提高，班干部的核心作用得以充分发挥。班干部逐渐得到大家的信任和拥护，在全班同学中有一定的威信。

（3）组织机构。在选举班干部的同时，班主任以有利于学习活动为原则，组建行政小组。由小组全体成员推选小组长，并明确小组长的岗位职责。各小组在班委会的领导下，有序开展各项学习活动和课内外活动。

（4）班级制度。班级规范不断健全。学生从开始接受、顺从逐步发展到理解、同化，最后将其内化为自身的精神需要和自觉遵守的行为准则。

（5）人际关系。学生在彼此熟悉和了解的基础上结成小圈子，即非正式群体。人际关系不仅是情绪好恶关系，而且产生群体内部一定的责任依从关系，群体成员在群体中的角色和地位由参与群体共同活动的程度与贡献及所得到的评价而决定。

（6）班级活动。能够在班主任的指导下，由班干部策划组织实施，学生能够从班级大局考虑，参与到班级的活动中去，共同完成任务。

（7）集体舆论。班级的正确舆论逐渐形成，学生能够约束自己、促进自己，在班级中形成了“好人好事有人夸，不良现象有人抓”的风气。

（三）班级成熟阶段

这一阶段，在班干部的带领下，学生能够主动参与班级管理。学生自主管理能力、主动策划能力和团结协作能力不断提高。此阶段，班集体的特征有以下几点（图 2-4）：

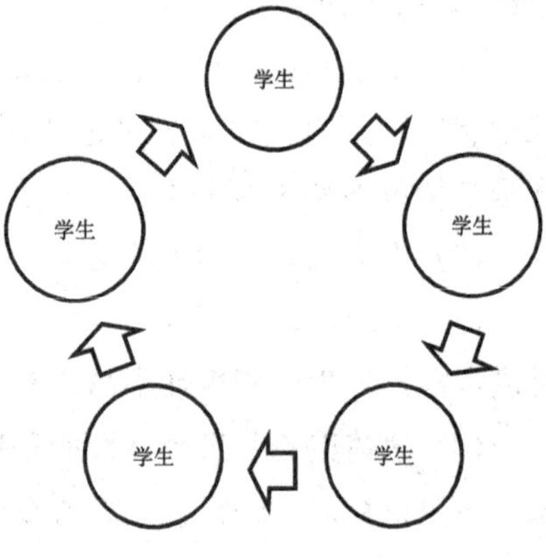

图 2-4　成熟阶段的班级特征

（1）班级目标。班级形成了一个完整统一的目标体系，能够得到班集体成员的一致认同，并化为成员个人的抱负、个人的行动指南。

（2）领导核心。班干部是班集体的核心，是班级管理的骨干力量。可以通过轮流制的方法，使更多学生有机会在班干部岗位上得到锻炼，提升自己的管理能力和水平。

（3）组织机构。在设立班委会和行政小组的基础上，学生可以根据班主任安排成立学习小组、活动小组，也可以根据自己的意愿组合成小队，以适应不同班级活动的需要。

（4）班级制度。每个学生都能自觉地遵循班级行为规范，并且能够按照班级实际情况调整班级管理制度、班级奖惩条例、班级公约等，同时，班级中的不成文规范也建立起来，并与成文规范相配合。

（5）人际关系。强调民主、平等、团结、友爱、互助的人际关系，人人都是班级的主人，可以为班级的发展出谋划策，主动提供各种服务。每个人在集体中有满意的角色、稳定的地位和良好的自我感觉以及对集体具有归属感、满意感、责任感与义务感等。

（6）班级活动。在班级活动中，能够发扬民主，使每个学生逐步学会自主策划和实施。班级活动能与实际情况结合起来，确定有针对性的活动内容，形成系列化主题，并以民主参与和自主组织的形式开展。

（7）集体舆论。健康的舆论已经形成，并且能够发挥出鼓舞人心、催人进取的作用，具有导向性、号召力、感染力。

三、班级建设的基本流程

班集体建设的基本流程为“六步循环法”，即摸清班情、提出目标、确立班委会、制订计划、工作运转和定期评价（图 2-5）。

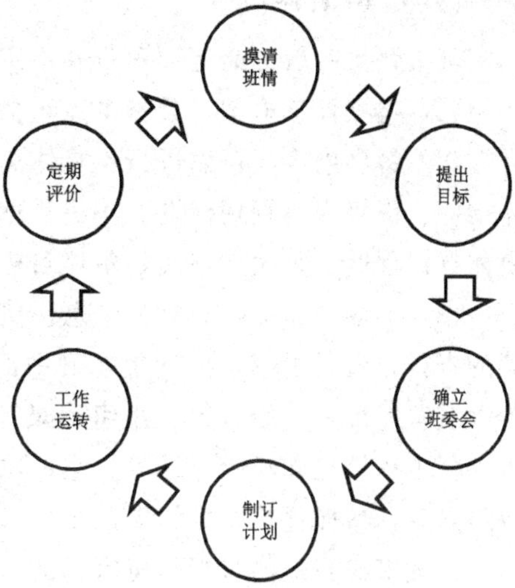

图 2-5 班级建设的基本流程

（一）摸清班情

摸清班情是建设班集体的基础。班情掌握清楚后，才能正确判断班级在德、智、体诸方面的实际情况，以便准确地找差距和确定奋斗目标，使班级建设增强针对性。

（二）提出目标

班集体在共同目标下的努力奋进，能使整个班级更有目标感。当然，班级目标的制定，要在全体学生的期望与科学预测的基础上进行。班级目标要能引导学生为明确的方向做出行动，促使班集体在德、智、体、美、劳的轨道上向前行驶，因此，班主任应仔细且充分地了解学生，以便为班集体的建设目标打好地基。

（三）确立班委会

班干部不仅是班级学生中的优秀代表，也是教师引领班级正向发展的中坚力量，是班级规章的示范人，也是班级实施教育活动的领头人，班级的内部凝聚力的强弱与班干部能否发挥良好作用有极大的关联。

（四）制订计划

当对整个班情有了基本的了解后，可以制定班集体的共同目标，同时确立班干部，开始着手对班主任工作进行更仔细和更具体的计划。

（五）工作运转

把控好课堂与课外的教学活动质量。班级活动的制订水平高低与班集体发展水平成正比的关系，同时也决定着学生未来的发展水平走向。而班级活动以实践性为主要特征，当学生能亲身参与，在过程中学习，便会更快地进步。班主任应善于利用各种课程资源和不同途径，为学生提供多元的学习机会，让学生的学习不仅仅局限于课堂，还要走出室外与他人、社会相关联，还能培养学生的人际交往能力，在实践中获得正确的解决问题的方法，并在此过程中逐步建立起正确的处世之道与积极向上的生活价值观。

在理论性内容的学习上，教师可多引进其他学科知识或与现实生活情境相关联，引导学生运用多维角度和方法，如实验、调查、讨论、观察、查找资料、撰写报告等方式，教师则综合运用各种活动形式进行教学活动。

开展班级活动时要注意，定好目标后，教师应放手让学生自主进行探究，让学生在实践活动里体验人与人、人与社会、人与自我等关系，慢慢地了解真实的现实社会的模样，感悟自我，增强自身素质。

（六）定期评价

班级评价一般分为定期评价和不定期评价，而班集体评价的程序一般如下：

（1）建立评价框架，其基本点包括班级目标、班级组织、纪律、舆论、课内外活动。

（2）每项内容还可以进行更具体的划分，例如，班级目标可以划分为：班级目标及具体指标、班级目标管理计划、小组目标及具体指标、学生个体目标及具体指标、师生认同集体目标程度、师生参与实施集体目标程度。

（3）以多方途径收集充分信息。例如，可以查阅文字、图表、音频和视频等与班级相关的资料，资料内容包括学生在班中的品行、学生成绩、体测达标率、体育锻炼达标率、各种获奖凭证、班级日记、小组记录、光荣簿、兴趣小组活动作品、班级目标管理计划、班主任工作笔记和经验总结等；也可以使用问卷或访谈法对学生和其他教师进行访谈。获取信息后，按照评价指标体系的要求，对评价信息进行统计分析。

实现班级目标的步骤是可循环的，当一个目标达成或接近时，可以再依据上一次的方法，对班级进行全面了解，根据新的班级情况提出新的班级奋斗目标，以此循环往复，不断前进。

四、制订班级建设的目标

（一）制订目标的原则

SMART 原则，即目标管理原则。最早由管理学大师德鲁克在 1954 年的《管理实践》一书中提出。德鲁克认为，管理人员一定要避免“活动陷阱”，不能只顾低头拉车，而不抬头看路，最终忘了自己的主要目标。

所谓 SMART 原则，即：

（1）目标必须是具体的（specific）。

（2）目标必须是可以衡量的（measurable）。

（3）目标必须是可以达到的（attainable）。

（4）目标必须和其他目标具有相关性（relevant）。

（5）目标必须具有明确的截止期限（time-based）。

1. 原则一：S（specific）——明确性

所谓明确就是要用具体的语言清楚地说明要达成的行为标准。明确的目标几乎是所有成功团队的一致特点。很多团队不成功的重要原因之一是目标定得模棱两可，或没有将目标有效地传达给相关成员。例如：“改善班级学习风气”这个目标就不够明确、有效；而“引领学生开展读书会”“对学习进步的学生给予鼓励和赞扬”这两个目标则显得更为具体、可操作。

2. 原则二：M（measurable）——衡量性

衡量性就是指目标应该是明确的，而不是模糊的。应该有一组明确的数据，作为衡量是否达成目标的依据。如果制定的目标没有办法衡量，就无法判断这个目标是否实现。当然，并不是所有的目标都可以衡量，有时也会有例外，例如远期目标可能就难以衡量。

3. 原则三：A（attainable）——可实现性

目标是要让执行人可以实现、达到的。应该高于现状，但又是跳一下能够得着的。

如果给一群职高学生制定的目标是帮助他们考上某所著名的大学，那可能就是一种不切实际的目标。

4. 原则四：R（relevant）——相关性

目标的相关性是指实现此目标与实现其他目标的关联情况。如果实现了这个目标，但与其他的目标完全不相关，或者相关度很低，那这个目标即使达到了，意义也不是很大。

例如，中期目标是"成为一个合格的畜牧兽医人员，能够独立对畜禽完成专业的繁育，疾病防控等"，那么短期目标"掌握畜禽良种选育与繁殖"和中期目标就有极强的相关性。

5. 原则五：T（time-based）——时限性

目标特性的时限性就是指目标是有时间限制的。例如，某人将在今年的 11 月 1 日之前完成某事。11 月 1 日就是一个确定的时间限制。没有时间限制的目标没有办法考查，或会削弱考查的效力。

在大多数情况下，对已制定的目标无须再做改动，但有一些无法控制的外在因素却会使之发生变化。

（二）提出班集体建设目标的过程

提出班集体建设目标分为四步：对照标准，找出差距；明确主次；分析条件；确立目标。

1. 对照标准，找出差距

要对照上级精神、学校要求、先进经验和建设班集体的总体目标，找出存在的差距以及面临的问题和工作。要全都摆出来，越全越好，尽可能不要遗漏。

2. 明确主次

对种种差距、问题、工作进行比较分析和排队，分清轻重主次，抓住主要矛盾。同时，还要弄清为了解决主要矛盾需要连续解决的相关问题的多少、大小，以更确切地认识关键性问题的分量和类型，做到心中有数。

3. 分析条件

把解决主要矛盾所需要的客观、主观条件同实际存在的条件进行对比，看是否时机成熟，是否力所能及，是否能创造条件促进转化等。

4. 确立目标

在班集体建设中面临的主要问题已经抓住，相关因素已经弄清，解决的条件已经具备或基本具备的基础上，就可以确立目标了。确立目标时要明确依据的类型，并依据SMART原则进行表述。

（三）班级建设目标的类型

班级建设目标依据不同的分类标准主要可分为以下几种类型：

1. 按目标时限

按目标时限可以分为长期目标、中期目标与近期目标。

（1）长期目标。长期目标可以理解为整个大学期间的奋斗目标。班级的长期目标应该是培养德、智、体、美、劳全面发展的社会主义事业的建设者和接班人。使学生了解和初步掌握马克思主义的基本观点；热爱伟大的社会主义祖国，拥护党在社会主义初级阶段的基本路线，树立为祖国富强、民族振兴而学习的志向；养成勤劳、俭朴、文明、遵纪守法、保护环境的道德习惯；形成诚实、守信、自尊、自强、坚毅、勇敢的个性品质。

（2）中期目标。中期目标为一个学年的奋斗目标。

在政治思想方面：培养热爱党、热爱社会主义、热爱伟大祖国的思想感情；正确处理个人前途与社会需要的关系，个人前途要与集体和民族利益相结合，树立个人要捍卫国家利益、民族利益的献身精神。

道德行为方面：能艰苦奋斗，遵纪守法，具有良好的行为习惯和较好的生活自理能力；遵守社会公德，对不良影响具有一定的辨别抵制能力，养成不怕困难、不怕挫折、勇于创新的优良品格。

智力培养方面：具有正确的学习态度、科学的学习方法、良好的学习习惯，形成求实、探索、团结、进取的学风，成为智能型的人才。

（3）近期目标。为每个阶段教育所要达到的目的，应体现在每次精心设计的教育活动中。开展活动的目的是培养学生的集体主义精神和助人为乐、热爱劳动的优良品质，以及一定的组织能力和实际操作能力等。例如，班级在11月上旬举行的全校秋季运动会上誓夺前两名。

长期目标是组建班集体的最终目标，组建班集体的全部工作都是为了使全班学生朝着这个方向去努力和奋斗。但这是一个渐进的过程，组建班集体工作的重点，应该放在中期，尤其是近期目标的设置与实现上。

2. 按目标层次

按目标层次，可以分为总目标与分目标。

（1）总目标。班级建设的总目标应当是：班级管理人员根据“教育要面向现代化，面向世界，面向未来”的指导方针，通过执行一系列管理职能，实行对人、财、物、事、时间、信息等的有效管理，创造性地建设班集体，促使全班学生在德、智、体、美、劳诸方面全面发展，成为有理想、有道德、有文化、有纪律的社会主义建设者和接班人。

（2）分目标。分目标的制定是围绕班级管理的总目标进行的。它主要包括认知目标、情感目标和行为目标。

① 认知目标

思想品德方面，要求学生做到：爱祖国、爱人民、爱家乡，关心家乡建设，有民族自豪感和自尊心；了解全面建设社会主义现代化国家的主要内容、社会主义现代化建设的常识；树立与发展和中国特色社会主义相适应的价值观念、竞争观念和改革、开放的意识；有基本的民主与法治的观念；知法、遵法、守纪；相信科学，反对封建迷信和陈规陋俗，能初步运用马克思主义观点和方法观察分析社会现象。

学习方面，要求学生做到：学习态度端正，学习目的明确，学习兴趣浓厚；学习方法科学，学习习惯正确，有一定的自学能力；有刻苦学习的意志和克服困难的毅力。

② 情感目标

理想方面，要求学生做到：为振兴中华而学习，正确对待升学与就业，初步树立为人民服务的思想；树立人民利益高于一切的思想，有远大的志向；有建设家乡的事业心和责任感，能够把个人前途与社会主义建设的需要结合起来。

个性心理素质和能力方面，要求学生做到：养成诚实正直、积极向上、自尊自强的品质，形成坚毅勇敢、不怕苦难、敢于创新的性格品质；具有初步分辨是非的能力；对不良行为有一定识别能力和抵制能力，并具有一定自我教育和自我管理等能力。

③ 行为目标

纪律方面，要求学生做到：养成自觉遵守社会主义公德的良好品质；遵守公民道德，懂得现代文明的生活方式和社交礼仪。

个人修养方面，要求学生做到：尊重、关心他人，爱护、帮助他人；热爱班级和学校集体，爱护集体荣誉；具有把国家利益、集体利益和个人利益相结合的社会主义集体主义精神；积极参加劳动，有良好的劳动习惯、较强的生活自理能力和艰苦奋斗的思想作风。

第二节　职业院校班级规章制度

一、班级规章制度概述

（一）班级规章制度的内容

班级规章制度说明了在班级中哪些行为是可接受的，哪些行为是不允许的，是对学生行为的限度的规定。实施适当的规则有助于建立良好的学习氛围。

《如何成为高效能教师》一书中提出，班级规章制度包含三个部分：

（1）规则：期望学生遵守什么？

(2) 后果：如果违反了规则，会有什么后果？

(3) 奖励：遵守规则的学生能得到什么奖励？

1. 规则

规则的作用是限定也是保护，主要分两类：一般规则和特别规则。一般规则包括范围比较广，例如，尊师敬学、待人真诚、实事求是等。

特别规则是对特定行为做出的规定，相对具体。例如，上课铃响了就要马上进教室，见到教师要问好，或者是防止恃强凌弱的班级守则等。

2. 后果

后果就是一个人遵守或违反规则所引发的结果。后果不是惩罚，而是一个人做了某件事之后会发生什么事情。例如，如果在禁止停车的区域停车，就会收到罚单。这个罚单并不是惩罚，而是司机有意识地选择了违反“禁止停车”这个规则，那么就要接受由此引发的“收到罚单”的后果。要让学生明白，他们的行为或选择会产生后果。

3. 奖励

规章制度中不仅要说明违反规定的惩罚，而且也要写清楚遵守规则的学生能得到什么奖励，这样才能起到积极的作用。奖励应与学生的正确选择成比例，要足以激励学生继续做出正确的决定。

(二) 好规则的特点

规则的作用是通过明确说明对学生的期望来阻止或鼓励行为的发生。《健康课堂管理：激发、交流和纪律》一书说明了一项好的规则具有以下特征：

(1) 合理。规则的合理性，要考虑到学生的年龄和行为能力，且能被学生理解。

(2) 清晰。规则要清楚地说明做什么。学生对一些太过笼统的话会难以把握，如“适当”“看情况”等。

(3) 可实施性。规则的可操作实施性。如规定“不要骂人”，但若学生在家中或与朋友在一起时骂人，班主任是无法实行这项规定的，而“不要在我面前骂人”则是可实施的。

(4) 规定条件。每项规定必须有一个或几个执行的条件，如“不要打架，除非为了自卫或是为了保护同学。”

(5) 灵活性。规则必须要根据不同情况灵活地加以处理，有时可能出现一些超出规则之外的特殊情况。例如，班里进行一次地震演习，规定在周二早上开始，但在周一接到台风来袭，学校停课两天的通知，这时，规则就应该有一定限度的调整。

二、班级规章制度的制定

(一) 初步制定规则

学生必须要参与制定班级规则，并且明确表示接受这些行为标准。这样能够提高学生对班级规则的接受和执行度。

《健康课堂管理：激发、交流和纪律》中有关制定班级规则的第一步是和学生一起讨论：为什么制定全体学生一致遵守的行为标准这么重要？班主任可以询问学生一些问题，以此作为讨论会的开场白。

例如，可引导学生讨论以下内容：

① 规则是如何帮助那些性格完全迥异的人在一起工作的？

② 学生从遵守这些行为标准中可得到哪些益处，是否有学生获得过？

在讨论中，要让学生知道班集体和学校就是一个社会，就像那些更大的社会群体一样，当人们都遵守这些有利于形成安全、充满关怀的环境的行为标准时，这个社会的功能会更有效地发挥出来。

（二）选择与检查规则

列出学生认为的重点标准，与他们一起讨论这些标准的适用性，进行适当删减和汇总。下面的几个特征可以帮助班主任进一步检查和筛选目前的规则：

① 包含学生所有可能会有的不当行为。

② 对学生有吸引力。

③ 与学校所制定的学生行为准则一致。

④ 阐述足够简明，从而能让学生理解。

⑤ 能创建一个有序的课堂。

⑥ 可能对大多数人都公平。

⑦ 易记。

⑧ 所选的规章制度不宜太多。

（三）制定奖惩制度

在前期，教师让学生参与到班规的定制中，也包括了让学生思考如何让规则奏效这项内容。在实施这一项时，尽量征求学生的建议，注意表达时要表明会把他们的建议作为参考，避免出现当学生提出一些不合理的建议时班主任不得不同意的情况发生。

三、班级规章制度的传达与实施

（一）传达规章制度

很多时候学生的违规都是无意的，想要帮助他们避免再次违规，需要提高学生对于规则的重视程度，并且要将班规清晰成功地传达给他们，让他们能充分理解。可以提前制订一个方案，计划好怎样让学生了解规章制度，一般的流程如下：

（1）引入规章。当班主任向学生引入班级规章制度这个主题时，要友善、严肃且态度坚定。

（2）清楚说明每项规章制度。表述的重点应该是学生应该做什么，而不是不应该做什么。例如：不要说“别在墙上写画”，可以说“请保护好教室设施和设备”。

(3) 联系现实。尽量把班级规章制度和现实职业环境联系起来，让学生能提早了解无论是在学校还是在职场，都需要遵守规章制度。

(4) 辩论明理。可以举行一场辩论，探讨制定各种规章制度的必要性。

(5) 让学生讲述自己对班规的理解，可以以此来检查他们是否完全理解了这些规章制度，并让他们思考规章制度给每个学生带来的益处。

(6) 签订契约。将规章制度打印出来并与学生签订契约。

(7) 把规章制度放大打印并张贴在教室。每位学生的笔记本里也应该有备份。

(二) 实施班级规章

学生在校期间，这些班级规章制度的执行与实施都应一贯到底。如果班主任做得不一致，就会给学生传达可以不遵守的错误信息。这里列举了一些策略，能够帮助班主任更有效地实施班级规章制度。

(1) 鼓励学生遵守班级规章制度。

(2) 实施所有的班级规章制度。

(3) 及时处理违规现象。

(4) 不威胁违规的学生。

(5) 不对违规的学生说教、争吵、小题大做，或给他们过度的关注。

(6) 要保证实施所有的班级规章制度。

(7) 如果必须替换或修改某项规章制度的话，应该通知所有的学生。

第三节　班干部的选取与培养

一、班干部及其职责

(一) 班干部成员的构成

《班干部的培养与使用》中指出，班干部的设定主要包括常设成员和非常设成员。常设班干部成员主要是指班级必备职位成员，如班长、生活委员等。

非常设班干部成员是指根据不同时期不同班级的实际情况而增设的班干部成员，如兴趣小组组长、读书会会长等。班主任也可根据班级实际情况设置其他一些职务。

班级里的每个学生都应该有机会参加有意义、有价值的活动。当学生成为可以做出贡献的人而被需要时，他们的尊严、自尊及相关的情感也都会有所增强。

(二) 班干部的具体职责

常设班干部成员基本职责如下：

1. 班长

(1) 及时了解班级的学习、纪律、卫生、生活等各方面的情况，准确把握班级学生的思想动态，对班级中出现的不良倾向，敢于大胆地开展工作，能真正成为班级的楷模。

(2) 每周定期向班主任汇报班内的情况，做好班级工作记录。多提合理意见，并协助班主任检查各项工作落实情况。

(3) 每两周负责召开一次班委会，总结工作中的不足，并提出今后改进工作的具体意见。

(4) 办事公正，不徇私情；密切联系同学，加强与同学的团结；虚心接受同学的批评，积极开展批评与自我批评。

(5) 带领全班同学积极参加学校组织的活动，带头遵守学校的一切规章制度和《学生守则》。

(6) 加强班委会的团结，协助班委会其他干部把所分管的工作做好。

2. 学习委员

(1) 树立全心全意为同学服务的思想，严格要求自己，工作尽职尽责，学习刻苦勤奋，能成为班级良好的学习模范。

(2) 全面掌握本班学生的学习动态，协助班主任做好学习常规的制定和贯彻工作，组织学生按时、按量完成作业，督促值日生做好学生作业的收发工作，并完成作业情况统计工作。

(3) 负责全班的学习工作，组织好学生的现状调查工作。

(4) 经常与任课教师联系，注意了解和反映学生对教学方面的意见。

(5) 组织成立学习小组，检查班级学习方面的工作，并把检查结果和学习情况及时向班主任、科任教师汇报。

(6) 组织班级课外辅导小组、知识竞赛等活动。

3. 生活委员

(1) 树立为同学服务的意识，做好班内生活管理工作，要注意严格要求自己，以身作则，事事起模范带头作用。

(2) 关心同学，了解班内同学生活中的问题并及时向有关组织反映。

(3) 负责平时用餐情况的监督工作，发现有乱倒剩饭菜等情况要及时制止。

(4) 负责宿舍的管理工作，对于宿舍中出现的问题能及时发现、整改，向班主任汇报。

(5) 及时发放同学的各类用品等。

4. 体育委员

(1) 在班主任、体育教师的指导下，全面负责班里各项体育活动和比赛，丰富同学们的业余生活，加强体育锻炼。

(2) 负责召集、带领同学们参加运动。组织检查活动的出勤情况，并及时公布检查结果。

(3) 协助体育教师上好育课，包括课前、课后整队，组织同学搬运器材，做好体育课的考勤工作。

(4) 在各类体育竞赛中，要组织同学们踊跃报名，组织选拔运动员，安排比赛期间的服务。赛后找出不足，总结经验，组织讲评。

(5) 根据本班同学的具体情况可组织小型班内篮球赛等活动，或与其他班级体育委员协商，在征求学校和班主任的同意下，组织班级之间的友谊赛。

(6) 负责督促班里同学积极参加学校的集会、外出参观等活动。

5. 文艺委员

(1) 在班主任指导下，积极配合班长带领同学们参加学校组织的各项文艺活动，提高同学们的艺术修养。

(2) 在学校艺术节等活动中，要善于调动全班同学的积极性。

(3) 积极活跃班级气氛，不定期组织同学演唱歌曲、欣赏音乐，丰富校园文艺生活。

(4) 及时发现班内的文艺人才，向学校推荐。

二、选取班干部的方式

(一) 班主任临时指定

新班级成立初期，由于新生彼此还互不了解，班主任通常可以采用“临时指定”的方法，即由班主任临时指定一名或几名学生来担任班干部，使班级工作能够正常开展。

在指定班干部前，班主任需要做好准备工作。首先，在新生报到前，班主任要设法了解每一位学生的情况。其次，可以查阅入学登记表和学生档案等各种书面资料，了解学生以前的表现，着重研究担任过班干部的学生、有较强活动能力的学生、在某些方面有特长的学生。最后，如果有该生原学校师友的联系方式，也可听取原来学校教师和同学对此同学的评价。

在组织新生第一次集体见面会时，要注意观察他们在集体中的表现，例如，哪些人善于交谈，哪些人乐于助人等。

(二) 集体选举

当同学间有了初步了解后，可以进行集体选举。集体选举的一般流程如下：

(1) 组织同学们学习有关选举工作的规定，讲明选举的意义、做法和规则。

(2) 班主任或前任班干部在选举前要向班内同学讲明本次选举的依据、准备情况和确切时间。

(3) 确定候选人。必须由班内同学充分讨论。其形式可以先由班主任或前任班委会研究提名，再让同学们进行讨论；也可以先由每位同学提名，班主任或前任班委会集中各同学的意见后提出。候选人名单不能由班主任或前任班委会擅自决定，候选人数应超过应选人数的20%以上。

(4) 宣布开会。班主任讲明参加选举的同学人数。参加选举的同学人数超过本班学生总人数的五分之四，可宣布进行选举。

(5) 由班主任介绍学校和本班选举问题的规定。

(6) 由候选人逐个介绍自己的基本情况，候选人应如实回答选举人所提出的有关问题，最后对候选人逐个表决通过。

(7) 推选监票人、计票人。通常推选监票人和计票人各1～2名（候选人不能担任）。对发票、投票和计票进行全程监督，并宣布选举结果。

关于集体选举，有以下事项需注意：

(1) 限定期限。每届任期一年或半年，具体情况视学校、班级的不同而不同。班干部任期届满应及时进行换届选举。

(2) 按规定程序进行选举。候选人名单要由同学们充分讨论，并根据多数同学的意见来确定。

(3) 所有班内同学必须遵守选举纪律。不允许拉帮结派或拉选票。绝不允许有追查选票、虚报票数以及打击报复等行为。对于违反选举纪律、破坏选举活动的人，必须按其情节轻重给予教育或处罚。

(三) 自由竞争

这种方式包括以下步骤：先由班主任公布班干部候选人的资格、条件和竞选的具体要求与安排，再由学生根据自身条件，对照要求拟定好演讲稿；接着召开演讲大会，然后候选者一一登台演讲；最后候选人进行辩论，辩论得胜者当选。

自由竞争制度营造了自由平等竞争的气氛，能够充分调动学生的积极性。

(四) 轮流当值

这种方式是每位同学轮流负责集体一个任期的日常工作内容。负责管理的同学要向全体同学提出自己这个任期的管理目标；进行任期总结，对好事或问题进行评价，对问题提出解决方法，对下一任负责管理的同学提出希望。

这种方式让每一位学生都有锻炼的机会，但因为班干部的任期不长，往往会导致班级工作急功近利，出现只顾眼前不顾长远的现象。班干部的频繁更换，还有可能对班级工作产生持续性破坏作用。

(五) 聘任制

所谓“聘任制”，就是由全班同学投票产生常务班委会，每个任期由常务班委会成员轮值上岗担任班长。具体做法如下：

常务班委会成员由全班同学投票选举产生，正班长由固定的常务班委会成员轮值上岗，副班长则由上岗后的正班长聘任常务班委会成员以外的普通同学担任，正班长则管理全面工作。

正班长按轮值上岗，副班长按聘任上岗，每周的正副班长统领全班工作，在上岗时做上岗演说，提出本任期工作目标、工作重点和工作方法等，并在任职期间切实执行自己的值班措施，以期达到预期目标，同时做好工作日记，在任期满后做工作总结，指出存在问题，之后下岗。第一轮班长轮值结束后，由表现突出的正副班长组成新的班委成员再轮值。

（六）班长负责制

“班长负责制”是以班长为核心，实现学生的自主管理。一般步骤如下：

（1）推荐或自荐班长候选人并阐述理由。

（2）候选人发表竞选演讲。

（3）全体同学无记名投票，并当场唱票。

（4）得票前2名，担任班长和团支书，并由他们负责组阁，确定其他班干部的人选。

（5）组阁的名单会请全班审议，并投票通过。如果半数以上同学不同意，必须重新提出组阁名单。

（6）各岗位由一名班干部代表进行工作计划汇报，并按计划开始正式的班级管理工作。

班干部按岗位每学期对全班进行述职，即把本月自己岗位所做的工作向同学们做汇报，并提出下个月的工作计划，由全体同学无记名投票。如果得票达到半数以上为合格，3/4以上为优秀，半数以下为不合格。合格者继续留任，优秀者由班级给予一定的奖励，不合格的班干部自动下台，由上次选举的第3、4名顺次填补（如果第3、4名已经是班干部，则顺延，全部候选人用完，则由班长直接任命）。

班长负责制适合班级中有明显的领军人物或是中途换届时使用。它的优点在于班干部队伍向心力强，工作效率高；但要消除学生非正式团体的负面影响，班主任对班长的负责要有引导。

三、班干部的培养

（一）班干部培养的二个阶段

班干部培养过程可分为三个阶段：

1. 第一阶段：指导

初期班主任要对班干部做好班级活动上的指导，教会他们注重分析具体问题，提出假设和检验假设的一般方法，具体步骤如下：

（1）分析问题：思考解决问题需要考虑的条件有哪些，各条件之间以及与产生的问题之间存在什么联系，从中找到其根源。

（2）提出解决方法：引导他们根据之前做出的分析和判断提出解决问题的方案，从中选出最佳方案。

（3）实施方案：对实践所提出的方案，要检验其正确性，并依据结果做总结分析与改进。

通过以上工作，可使他们分析和解决问题的能力逐步得到提高。

2. 第二阶段：参谋

在这个阶段，班干部已经有了基本的处事能力，班主任只须在他们有困惑或困难的时候提出建议，引导他们思考解决问题的最佳方法。

3. 第三阶段：放手

当班干部对班级熟悉，处理各项事情的能力都有较大提升后，班主任已经基本可以把工作中的大部分担子交给班干部，此阶段，班主任主要是协助班干部总结经验，肯定和鼓励其做得好的地方，提高班干部的能力，使班级得到良性发展，具体的策略如下：

(1) 让班干部独立组织班级会议，提前公布开会时间和具体内容事项，做好会议记录并在会后向班主任汇报会议成果。

(2) 参与实践活动时，由班干部组织、带领同学们有序进行，做好活动设备物品管理与人员管理；通过社会实践等活动，培养他们的组织、管理以及沟通能力。

(3) 在做好班级会议、实践活动的基础上，一步步放手让班干部们自己设计、规划、起草、组织各类活动。在每项活动结束后，做好活动总结，班主任要多肯定他们的成绩，并鼓励其不断改进。

（二）优秀班干部素质与能力的培养

1. 班干部素质的培养

素质是一个综合指标，它包括政治素质、心理素质、道德素质等。

(1) 政治素质。政治素质是指生活在社会中的每个人进行社会活动所必需的内在基本条件和基本品质。政治素质主要包括世界观、人生观、价值观等。

① 树立科学的世界观

世界观是指人们对整个世界总的、最根本的观点和看法，是人们认识、改造世界，处理问题的前提和依据。高职阶段的学生正处在世界观的探索阶段。班干部应树立马克思主义的科学世界观，要学会从正反两方面看问题，用联系的、发展的、全面的眼光看问题，正确处理好工作与学习、个人与集体之间的关系。如在处理班级事务中遇到同学之间的矛盾，不因个人喜恶带有偏见地去看待同学，以公正客观的角度分析事件与矛盾点，并以发展的眼光看待他人，带领同学一起改变和进步。

② 树立正确的人生观

人生观是人们对人生目的与意义的根本看法和态度。人生观是世界观的一部分。高职学生对新事物敏感，易受新理论或新观点的影响，正是形成人生观的重要时期。班干部应树立正确的人生观，以敬职敬业、热爱学习与生活、努力上进作为追求目标，发扬奋斗向上的精神。

③ 树立正确的价值观

价值观是人们对人生目的和实践活动认识和评价的基本观点或观念。例如，有的同学受享乐主义和拜金主义影响，追求高消费，吃、穿、用都必须是名牌，迷恋“金钱第一”。这些都不值得提倡。应基于人生目的和人生理想确立正确的人生价值标准。班干部应成为对其个人和他人都有用的人，努力在工作学习中实现自己的价值。

（2）道德素质。道德素质是体现一定社会或阶段的道德原则和规范，并具有稳定性和一贯性倾向的个人道德意识和道德行为总体的根本属性。道德素质的内容主要包括社会公德、职业道德和家庭道德。

① 社会公德

社会公德是反映社会共同利益的社会公共生活准则，是人类社会公共生活中形成的最基本的道德规范体系。社会公德素质大体包括：生活与公共场所中处理人与人关系的素质，爱护环境和公共资源方面的素质。班干部应做到与同学、亲友、他人之间相互尊重，协作和互助，维护公共秩序、公共设施、公共卫生和公共安全，保护环境，遵纪守法，敢于同歪风邪气做斗争。

② 职业道德

职业道德是从事一定职业的人应遵循的与其职业活动相适应的行为规范。各行各业都有相应的职业道德规范，职业道德规定了从事一定职业的人应当具备的思想、态度、作风和行为，以及待人接物的方式，指导他们处理问题，完成工作，为社会尽职尽责。班干部应该热爱本职岗位，尽到班干部职责，诚实守信，办事公道，服务同学，奉献社会。

③ 家庭道德

家庭道德是调整家庭成员之间关系的纽带。对于班干部来说，家庭关系中，主要是与父母之间的关系和与兄弟姐妹之间的关系，最基本的道德如尊老爱幼等。有良好家庭道德的班干部在班级生活和班级管理中也更易推己及人，并推动班级大家庭的形成。

（3）心理素质。心理素质指人的心理发展水平以及对社会生活的心理适应能力。健全的心理素质是个体身体素质、道德素质、能力素质发展的基础。主要包括以下几个方面：

① 正常的认知能力

认知是指人对事物认识与理解的心路历程，包括知觉、记忆、思维、想象、学习等心理现象。班干部应具有正常的认识能力，即感知力、记忆力、思维力、想象力、表达力和理解力。

② 健康的情绪

情绪是人对客观事物的态度体验，是人的心理活动的核心。班干部应保持乐观的心态，能够合理调节情绪，保持情绪稳定。

③ 坚强的意志

意志是推动人们采取各种行动来克服困难，达到预定目标的心理过程。意志坚强者具有较强的自觉性、果断性、顽强性和自制力，能够在实现目标的过程中机智灵活地克服困难。

④ 良好的人际关系

班干部要能够正确地认识自己与教师、同学之间的关系，不以自我为中心，不自私自利，心中有他人，能和周围的人和睦相处，并能采取积极主动的态度与他人交往，与人为善，有一定的独立性、自主性，不依赖别人，不固执己见，有健全的人格以及较强的心理承受能力等。

苏联教育家加里宁在《论共产主义教育与教学》一文中指出："教师的世界观，他的品行，他的生活，他对每一现象的态度都这样或那样地影响着全体学生。"由此可见，教师的表率作用是十分巨大的，它是学生干部素质提高的直接途径。班主任应该以自己的人格修养，培养和影响班干部。同时，要关心帮助班干部，帮助他们排忧解难，进行必要的心理疏导和咨询，树立他们克服困难的决心和信心。

2. 班干部能力的培养

班干部能力的培养需要班主任与科任教师的共同努力，而班主任在日常工作中可注意以下几方面能力的培养：

（1）组织能力和独立工作能力的培养。高职班级工作中班主任应放手让学生自己组织和管理各种活动，如班会、公益劳动、社会调查、参观游览等。初期，教师可以安排班干部做好活动计划，在活动中做好一些注意事项的准备，保证活动的顺利进行，在活动后负责做好总结。对于表现良好的班干部给予及时的肯定与鼓励，对不足之处不可当面提出，最好在私下以谈心或提建议的方式轻松告知。

（2）社交能力的培养。学校中会有很多集体活动，都是有利于培养班干部社交能力的机会，如与学校有关部门、活动地点的联系，外出汽车的安排，参观爱国主义教育基地等，可以指导学生自己去做。通过与外界接触交往，让学生得到锻炼，学到实际的交往知识，培养其社交能力。

（3）言语表达能力的培养。在学习课堂知识的过程中有很多机会可以锻炼班干部的表达能力，更多的是组织各类活动时，让班干部多与他人沟通协调。班主任主要指导和协助他们完成组织活动，如组织班会活动、志愿活动、文艺演出等，让班干部都有机会参与到组织班级活动中来。

第三章　班主任的教育理念

随着我国高等教育改革的不断深入和由“教育大国”向“教育强国”迈进战略的实施，人们日益认识到制约高等教育发展的最为关键的因素就在于教育理念，于是，“转变教育理念”“创新教育理念”“践行教育理念”逐渐成为高等教育的时代强音。作为今天的高职班主任，置身于鲜活生动、日日常新的教育实践中，知识和理念的自我更新显得比以往任何时代都更加急迫和必要。任何一名成功的高职班主任，其教育管理活动都离不开正确的教育理念的深层支撑，教育理念的缺乏、单一或落后都势必导致教育管理的低效甚至无效。

第一节　班主任教育理念概述

研究教育理念，必须首先厘清其本质内涵，把握其基本特征，了解其所具有的功能作用，明确其从不同视角划分的种类。对教育理念的这些基本理论问题的认识和理解，是教育理念走向教育实践并充分发挥自身作用的基础和前提。

一、班主任教育理念的内涵

何谓教育理念？这是进行教育理念研究首先必须明确的，是进行教育理念研究的基本逻辑起点。就目前来看，学者们对这个问题的认识大都是循着“理念”的概念分析进行的。在西方，“理念”一词源于古希腊，其原意为“形式”或“通型”。柏拉图在自己的哲学体系中也提出“理念论”，并把它定义为一种独立于现象世界的长久不变的东西。德国哲学家黑格尔把理念解释为“思维的特有规定和规律自身发展而成的全体”，“理念是自在自为的真理，是概念和客观性的绝对统一”。《辞海》解释为：一是指看法、思想，思维活动的结果；二是指观念。我国学者韩延明在梳理古今中外有关理念研究的基础上，较为深刻地指出：“理念是一个精神、意识层面上的上位性、综合性结构的哲学概念，是主观见之于客观的科学反映，是人们经过长期的理性思考及实践所形成的思想观念、精神向往、理想追求和哲学观点的抽象概括，是理论化、系统化了的，具有相对稳定性、延续性和指向性的认识、理想的观念体系。”

据此，我国学者对教育理念的本质内涵进行了界定。李萍和钟明华认为：“教育理念是关于教育发展的一种理想的、永恒的、精神性的范型。”韩延明认为：“教育理念是指人们对于教育现象的理性认识、理想追求及其所形成的教育思想观念和教育哲学观点，是教育主体在教育实践、思维活动及文化积淀和交流中所形成的教育价值取向与追求，是一种具有相对稳定性、延续性和指向性的教育认识、理想的观念体系。”陈桂生认为，教育理念“是关于‘教育的应然状态’的判断，是渗透了人们对教育的价值取向或价值倾向的‘好教育’观念”。眭依凡则认为：“教育理念是‘教育主体在教育实践及教育思维活动中形成的对‘教育应然’的理性认识和主观要求。”上述这些观点虽然认识的出发点和视角有别，但都强调教育理念是对“理想教育”和“应然教育”的理解和追求，是对“教育是什么”和“教育应该是什么”的价值判断和理性认识，是指向教育未来发展的精神范型和远见卓识。

此处认为，教育理念就是班主任在长期教育管理实践活动中，经过亲身体验和理性思考形成的关于教育本质、规律及其价值的根本性判断和观点。教育理念不同于教育观念，教育观念属于“事实”的范畴，而教育理念属于“价值”的范畴，它更强调个体的体验和思考；教育理念不同于教育思想，它不仅是教育思想的基础和支柱，而且是教育思想的典型代表和高度概括；教育理念也不同于教育信念，所有的教育理念都可称之为教育信念，但反之则不然，那些盲目接受和顺从的教育信念，不能被称为教育理念，因为它们缺乏亲身的探索和理性的审思。教育理念在其形成的现实基础上，具有与班主任教育管理活动相联系的现实性和实践性特征；在其存在的社会空间上，具有与社会政治经济文化背景和发展水平相适应的社会性和时代性特征；在其形成与发展的过程上，具有与教育管理实践和班主任专业成长相一致的稳定性和发展性特征；在其存在的形态方式上，具有与班主任知识、能力和智慧融为一体的内隐性和外显性特征；在其存在的历史向度上，具有指向未来教育发展的前瞻性和预见性特征。

二、班主任教育理念的基本特征

（一）前瞻性与预见性

教育理念不仅源自教育实践，是班主任通过分析教育现实，借鉴先进的教育理论，在其睿智头脑中形成的超越“实然”教育现实的价值判断和理性认识；同时教育理念又反哺教育实践，它引领教育实践朝向正确的方向，调控教育实践的有效运行，使教育实践最终达到理想境界。可见，教育理念具有较为突出的前瞻性和预见性特点。特别是在当代，人类历史正在加速发展和进步，教育事业的发展正呈现出鲜明的超前性和未来性，教育作为教育事业的重要组成部分之一，也日益表现出为未来培养有道德的社会主义合格公民的趋向，而发挥着巨大指导作用的教育理念的前瞻性和预见性也得到越来越突出的体现。

（二）社会性与个体性

教育理念不仅与我国社会主义改革开放和现代化建设相联系，反映着我国教育改革与发展的要求，而且与当代世界政治经济文化的发展相联系，反映着当代世界教育变革的现状及其思想动向，具有社会性及时代性特点。同时，从教育理念的形成来看，它必须明确理想教育应达到何种结果、理想教育的过程如何以及用什么术语表达教育理念，这表明教育理念从“萌芽”到“孕育”到“创生”再到“运用”都深深打上了德育实践工作者的“个人烙印”，呈现出鲜明的个体性和个性化特点。

(三) 概括性与普遍性

教育经验虽然是现实的、鲜活的和宝贵的，但它往往又是个别的、零散的、表面的和肤浅的，很难概括反映教育过程的内在本质和普遍规律。班主任从事教育实践，固然需要教育经验，但更需要教育理论和教育理念的指导。教育理念较之于教育经验更能阐明教育过程的一般原理，揭示教育过程的普遍规律，具有重要的抽象概括性和现实普遍性特点。班主任需要教育理念的指导，需要深刻的教育思想、明确的教育信念和丰富的教育见识，而这也正是教育理念的理论价值和实践意义之所在。

(四) 稳定性与发展性

无论是班主任个体的教育理念还是群体的教育理念，它一旦形成，就会反过来指导班主任的教育实践，使班主任体验、累积和生成教育经验，并因这一过程中成就感和幸福感的获得而更加坚信教育理念的科学性、先进性和有效性，最终将其转化为自己从事教育工作的坚定信念。这时的教育理念就具有了稳定性特点。但是，由于社会和时代是不断发展变化的，教育实践的价值取向和利益诉求是不断更新的，作为教育主体的班主任和学生也是不断向前发展的，因而教育理念也必须适时转变和更新，表现出动态发展性的特点。

三、班主任教育理念的功能

(一) 育人功能

教育的本质是育人，教育理念作为教育活动的核心要素也必然蕴涵着巨大的育人功能。教育过程从本质上其实就是师生之间的心理交往、情感沟通、智慧碰撞、视界融合以及思想同构的过程。班主任正是以其深刻而厚重的教育理念、明确而坚定的教育信念、丰富而多彩的教育情感、民主而平实的教育作风，搭起与学生对话、交流、理解和沟通的教育平台。班主任如果只拥有向学生传授知识的某些技能与方法，还不能算是一名优秀班主任；真正的优秀班主任必须拥有自己的独具特色的先进科学的教育理念，并能以此统率文化知识的传授、驾驭教育技能技巧的运用，用自己的教育理念感召学生的灵魂，启发学生的思维，激活学生的心灵，引领学生的方向，实现其自然生命和精神生命的超越与升华。如果缺少了先进科学的教育理念的深层支撑，班主任的教育活动往往就会成为无源之水、无本之木，缺少内涵、缺乏灵魂、丢失精神、丧失人格、背离价值，培养德智体美全面发展的、具有开拓精神和创新精神的社会主义事业建设者和接班人的教育目标也就难以真正实现。

（二）导向功能

教育理念即为班主任在长期教育实践中经过亲身体验和理性审思而形成的对教育的根本性判断和观点一经形成，就会立即反哺班主任的教育实践，产生强有力的导向功能。一般而言，教育理念源于班主任鲜活的教育实践，教育实践是教育理念形成的基础和源泉。但从另外的角度来说，教育实践一刻也不能离开教育理念的指导，教育理念又是教育实践的向导和灵魂，主要原因就在于教育理念能够帮助教师深刻认识教育现象和教育问题，把握教育本质和规律。班主任一旦掌握了教育本质和规律，就可以超越教育经验的偏狭和限制，改变教育实践中的某种被动状态，获得教育实践的自由和自在。可以看出，教育理念能启迪班主任的教育观察与深度思考，提高班主任的教育认识能力并形成正确的教育思想、教育观念和教育信念，从而使班主任成为真正拥有并能有效利用教育智慧的教育行家。

（三）调控功能

教育理念总是蕴含着相应的教育价值取向和价值选择，带有一定的教育价值观实现的强烈要求。因而它能调节和控制班主任的教育活动和行为，使之不违背特定的教育价值取向，从而少犯错误、少走弯路和少受挫折。教育理念的调控功能首先表现为对“培养什么样的人”的教育目标的分解和落实。教育目标虽然是国家制定的，但它的分解和具体实施却依靠班主任，如何更好地实现教育目标，离不开教育理念的调节和控制。其次表现为对教育内容的编排和取舍。同样的教育内容，在不同的教育理念的调控下，就会产生不一样的教育效果。最后表现为对教育方法和手段的选择与运用。班主任在教育过程中选用什么样的教育方法和手段以及如何选用教育方法和手段，取决于其所拥有和秉持的教育理念。班主任教育方法和手段选用的传统与现代之分，以教为主和以学为主之别，以及它的改革和推陈出新，都是教育理念这种调控作用的突出体现。

（四）反思功能

教育理念一旦融入班主任的素质结构，就会成为班主任精神生命的一部分，转化为班主任的教育方式、生活方式和思维方式，促使班主任及时进行自我观照、自我分析、自我评价和自我总结，客观理性地分析和评价自己的教育行为和结果，从增强自我教育的意识，学会自我调整教育目标，改进教育策略和完善教育技能，最终完成由“自发”的教育者向“自觉成熟”的教育家的转变。实践证明，班主任要想从教育外行变为教育的“行家里手”，就需要一种自我反思的意识、能力和素养，这是班主任专业发展和快速成长的内在根据和必由之路。真正的教育智慧是自省、自知、自明和自强，善于在自我反思、自我评价、自我修正和自我改造中学会教育。当然，班主任能否有效进行自我反思是有条件的，条件之一就是要形成教育理念，学会教育思维，拥有教育智慧。班主任正是在不断总结和生成教育理念的过程中，开阔了教育视野，升华了教育认识，增强了教育反思的意识和能力。

四、班主任教育理念的分类

顾明远和孟繁华在《国际教育新理念》一书中，将教育理念划分为宏观教育理念、一般教育理念和教与学的理念三个层次。“宏观教育理念”是基于对终生教育和学习化社会的时空涵盖性和两者关系的认识而提出来的，主要包括终生教育思潮和学习化社会两种教育理念，它们是其他教育理念的重要前提和基础，对其他教育理念起着调节和支配作用。“一般教育理念”是基于时代发展的热点、社会发展的趋势和教育自身作用功能关系的认识而提出来的，主要包括合作教育、创新教育、创业教育、范畴教育、多元智力理论、环境教育、全民教育、教师专业化和后现代主义教育等教育理念，它们既是宏观教育理念的具体体现，又是“教与学理念”的理论根基。“教与学的理念”则是基于上述两类教育理念指导下教学实践活动的变革而提出来的，主要包括发展性教学理论、掌握学习理论、学科基本结构理论、范例教学、交往教学、情商说、认知学习、建构主义学习理论、最近发展区、教学过程最优化、智力操作图式说、发现教学、暗示教学和校本课程等教育理念，它们是更为具体和可操作性的教育理念，对班主任的教育教学活动和行为更具有直接的指导价值。这种对教育理念的分类，遵循了由宏观到微观、从抽象到具体的认识路径，既能使人们从宏观层面把握新的教育理念，又能在教育教学实践中加以实施和操作运用，因而不失为一种较为科学的教育理念的分类形式。教育理念虽然属于一种价值范畴和观念形态，但它并不仅仅局限于理论层面，而是以一种更具体、更鲜活、更具操作性的形式内蕴于班主任的教育实践之中。由此，可以将教育理念划为理论取向教育理念、实践取向教育理念和操作取向教育理念三种不同的类型。

（一）理论取向教育理念

所谓理论取向教育理念，是指一种以抽象的理论形式存在的教育理念，它的形成和发展离不开教育理论工作者对教育现象及教育问题的科学探究，离不开他们对教育实践经验的总结、概括和升华。教育实践经验经过理论的抽象和概括，虽然缺少了一些亲身体验性和现实鲜活性，但是却将教育实践经验升华到教育理念的高度，揭示着教育的普遍规律和教育实践的根本原理，获得了一种普遍的真理价值和特殊的实践意义。终身教育、全民教育、素质教育、创新教育、后现代教育等都属于理论取向教育理念的范畴，它们不仅是一个个独立的教育理念，同时又贯穿于较低层次教育理念的应用过程之中，因而在教育理念体系中居于指导和支配地位。理论取向教育理念的出现和形成不仅反映了现代教育发展的客观趋势，而且也是我国当前教育改革和发展以及教育现代化的迫切需要。

（二）实践取向教育理念

所谓实践取向教育理念，是指一种指向现实教育实践问题解决的教育理念，它是由教育理论和教育实践工作者面向教育实践进行理论思考而形成的系统的理性认识。实践取向教育理念与理论取向教育理念的根本区别在于：理论取向教育理念重在探索和回答“教育是什么”的问题，而实践取向教育理念则重在思考和解决“如何进行教育”的问题。实践取向教育理念是教育理念的一种重要类型，是整个教育理念系统的有机组成部分。生活化教育、主体性教育、人本化教育、创业教育、合作教育、生态教育、愉快教育、情境教育等都属于实践取向教育理念的范畴，它们在实现教育的合目的性与合规律性的统一、发挥对教育实践的指导作用和服务功能等方面，起着十分重要的作用。

（三）操作取向教育理念

所谓操作取向教育理念，是指以某种模式、方法或操作范型的形式表现出来的教育理念，它是理论取向和实践取向教育理念的具体化。如果说理论取向和实践取向教育理念更多地表现为一种内隐性的观点和思想，那么操作取向教育理念则更多地表现为一种外显的技术技能、模式和方法，是教育实践工作者在具体的学科教学活动中可直接进行操作和利用的。启发式教学、研究性教学、案例式教学、情境性教学、问题式教学、协作式教学、暗示性教学、发展性教学、掌握式教学等都属于操作取向教育理念的范畴。由于操作取向的教育理念不仅指向教育实践，而且提供了操作技术、技能、模式与方法，因而对教师的教学活动更具有借鉴和启迪价值。

第二节　班主任的终身教育理念

终身教育是人一生中所受教育的总和，它包括一切教育活动、一切教育机会和教育的一切方面，是人从出生到死亡一生的教育和个人以及社会整个教育的总和。20 世纪 60 年代，著名法国成人教育家保罗·郎格朗提出终身教育的口号后，终身教育便成为一种席卷全球的国际教育改革浪潮。了解终身教育理念的形成背景，探究其含义、内容和特征，对于我们构建现代终身教育体系具有指导意义。

一、终身教育理念提出的背景

虽然终身教育概念的提出至今已有几十年，但终身教育思想的萌芽和实践应该说已经有了数千年的历史。教育应贯穿于人生的始与末，抑或人的一生都应该接受教育的思想，这在世界许多国家，且很长的历史时期以来即已存在，历史上许多思想家和教育家对此都有过相关论述。在西方，古希腊先哲柏拉图把教育看成是由出生到临终的一个历程，他认为一个人唯有终身不断学习，才有可能成为一个健全的公民。亚里士多德认为所有的人都渴望知识，没有知识和理性的自由运作，无法获得幸福。只有经由教育和终身不断地学习，并且达到智慧的德行，人才有可能享受美好的人生。古代波斯的教育要求一个人终身受训，包括从生到死的一切活动。在中国，民间一直有句俗语：“活到老，学到老。”这句古老的格言非常形象地概括出了终身教育的主要思想。我国古代的思想家们也注意到了这个问题。如中国古代教育家孔子就对人生各个阶段的教育做了这样的规划：“吾十有五而志于学，三十而立，四十而不惑，五十而知天命，六十而耳顺，七十而从心所欲不逾矩。”他认为人“非生而知之”，而在于终身努力学习。他至晚年仍勤奋学习。综上所述，大致可以得出这样的结论：即有关终身教育的思想确实早已存在于人类历史长河的各个时期。至于1965年以来，以联合国教科文组织成人教育推进国际会议正式推出提倡终身教育的提案为契机，从而掀起的世界范围的推广终身教育的热潮，则可被视作是上述思想的延续和深化。

终身教育作为一种思潮最早形成于20世纪60年代。1965年，在联合国教科文组织于巴黎召开的国际成人教育促进会议上，法国著名成人教育家保罗·郎格朗（Paul Legrand）以《论终身教育》的发言对大会进行总结，保罗·郎格朗认为，“人格的发展是通过人的一生来完成的”，“教育，不能停止在儿童期和青年期。只要人还活着，就应该是继续的”。教育应当“是在人类存在的所有部门进行的”，“学校教育、社会教育等由原来的各种不同的教育活动的状况、形式所形成的相互隔绝的墙壁必须加以清除”。也就是说，为了促进社会发展以及人格的完善，人的一生要把教育同生活紧密联系起来，社会则应把所有的教育机会与机构统一综合起来，形成一个能够随时随地向人们提供不同教育的一体化组织。

保罗的发言标志着终身教育概念和思想体系的形成。此后，终身教育的理论受到国际组织和许多国家的重视，即在整个世界范围内引起了巨大的反响。1970年，保罗·郎格朗出版了《终身教育引论》一书，全面阐述了终身教育的理念。1972年，联合国教科文组织主编的《学会生存——教育世界的今天和明天》的报告肯定并推广了终身教育的思想，终身教育成了一种国际性的教育理念。

二、终身教育理念的内涵

关于终身教育的概念，在不同研究者的研究和不同机构的报告中，其具体表述存在一定的区别。但不可否认，终身教育概念的核心是从时间维度出发进行的概念界定，是指贯穿人一生的教育形态，是一种从摇篮到坟墓的教育。具体来讲，当今比较有影响的终身教育概念主要有以下几种：

保罗·郎格朗在《终身教育引论》中这样定义：“是完全意义上的教育，它包括了教育的所有各个方面，各项内容，从一个人出生的那一刻起一直到生命终结时为止的不间断的发展，包括了教育各发展阶段各个关头之间的有机联系。”联合国教科文组织终身教育部部长捷尔比认为：“终身教育应该是学校教育和学校毕业以后的教育及训练的统一；它不仅是正规教育和非正规教育之间关系的发展，而且也是个人（包括儿童、青年、成人）通过社区生活实现其最大限度文化教育方面的目的，从而构成的以教育政策为中心的要素。”虽然在表述上各有侧重和不同，但大体中心思想是一致的。联合国教科文组织在其报告《学会生存》中，从内涵演变的视角对终身教育进行了较为全面的概括。最初，终身教育只不过是应用于一种较旧的教育实践即成人教育的一个新术语。后来，逐步把这种思想应用于职业教育，随后又涉及在整个教育/活动范围内发展个性的各个方面，即智力的、情绪的、美感的、社会的和政治的修养。最后，从个人和社会的观点来看，这个概念已经包括整个教育过程，变成了一切形式、一切表达方式和一切阶段的教学行动构成一个循环往复的关系时所使用的根据和表达方法。

从现代终身教育论的提倡者、研究者及实践者的观点中，可以看到终身教育这一现代教育的新理念，其内涵的深邃性及涉及范围的广泛性。虽然表述方式不同，但是有一点是必须明确而且统一的，即现代终身教育的基本目标是要改革长久以来存在于教育领域中“闭锁与僵硬的”“以学校教育为中心”的“封闭型教育制度”，并通过学习化的社会来建立起一个富有弹性及有活力的“开放型教育制度”。概括地说，终身教育可被理解为人在从出生起直至老年为止的一生中接受教育的全过程。从横向上看，包括了家庭、学校和社会三个领域的教育；纵向上则贯穿于人的整个生命过程。

三、终身教育理念的特征

（一）时间特征

过去的教育体系把教育限制在人生的早期阶段，终身教育体系将教育延长到人的整个生命周期，通过教育促进人的终身持续发展。终身教育的“终身性”具体表现为人的学习活动的持续，因此，人在进入成年之后终止教育是没有道理的，它使人们难以适应飞速发展的社会，更难以开发自身的潜能。教育应该是连续的，应与个体生命共始终。

（二）空间特征

终身教育不能只局限于校园里，而应拓展到人们社会生活的所有领域，是教育与生活的整合。

（三）形式特征

终身教育已经不只限定学校教育，而是包括了正规教育和非正规教育、学校教育和社会教育的一切教育形式。终身教育突破了学校教育体制的局限，实现多种教育形式的整合，最大限度地发挥社区、家庭和学校的教育功能。

（四）内容特征

终身教育已经不限于传授和储存知识，而是要努力寻求获取知识的方法。学习过程正在趋向于代替教育过程，学生的主体性和主动性受到越来越多的重视。终身教育的内容可以是个体参与社会生活并适应不断变化着的社会所需要的情感、技能、道德等各方面的知识内容。

（五）主体特征

终身教育突破学校教育“师授生受”的局限，班主任由权威性地传授现存的知识，转变为判断学习者的需要，设计学习环境，推动和鼓励学生学习，评价学习过程，帮助学生改进学习方法。班主任由知识的载体、学术的权威、高高在上的教育者变为学生学习的引路人，学习的伙伴。班主任还应该成为学生的智意的启迪者，情操的陶冶者。《学会生存》中指出：“现在的教育体制认为教育只能由社会中的一部分人——教师来进行。而终身教育则认为，根据时间和情况的不同，是由社会整体提供教育机会……未来的学校必须把教育的对象变成自己教育自己的主体。受教育的人必须成为教育他自己的人；别人的教育必须成为这个人自己的教育。”

第三节　班主任的素质教育理念

进入21世纪以来，全世界都在进行深入的思考，对于教育而言，传统的模式显然已难以适应，从20世纪80年代开始，教育改革又一次成为世界性潮流，其主题词就是素质教育。素质教育已成为世界各国共同追求的教育目标。

一、素质教育理念提出的背景

素质教育理念产生于20世纪80年代，发展于90年代。它的提出有近因，有远因。就直接动因而言，素质教育是针对“应试教育”提出来的，但素质教育理念的产生有其历史必然性，它的提出有更为广阔的背景、更深刻的内部原因。

（一）社会对人的素质高度重视的必然产物

当今世界的竞争归根到底是国力的竞争，是国民素质的竞争。一个国家、一个民族的发展，不仅取决于杰出的人才，而且取决于亿万国民的素质。素质教育理念正是适应了社会发展对人的发展的客观需求。教育应当密切关注世界战略格局的变化，把握当今世界政治风云变幻、国际竞争日趋激烈的国际形势，面向现代化，面向世界，面向未来，加快教育的改革和发展，进一步提高劳动者素质，培养大批人才。美国在20世纪80年代提出“卓越教育报告书”，引起西方国家广泛讨论；90年代则提出素质文化的概念。英国教育改革的目标是建设高质量教育，以改变基础教育质量落后的状况。日本设计的21世纪教育的目标模式则是重视个性，培养创造思维能力，适应国际化信息化社会的需要，向终身教育体系过渡。培养目标是使每个公民有能力独立安排生活，从事创造性劳动，成为国际社会的公民。法国培养目标是使每个受教育者最大限度地发挥基本的潜在能力，并能创造自己的未来。正是这样的大背景下，1999年，我国召开了第三次全国教育工作会议，通过了《中共中央国务院关于深化教育改革全面推进素质教育的决定》；2006年，素质教育被写入义务教育法，从法律层面进行了规范。

（二）教育自身发展的必然趋势

根据人类教育发展的总体走向，有学者将其分为“元教育”时代、“异化教育”时代和“复归教育”时代三个阶段。“元教育”又称“本真教育”，指人类早期比较完整地体现自身本真职能的原始教育。其本性是为人类服务，通过提高人的生产能力实现环境改造，满足人的生存需要。当人类社会出现了物质生产与精神生产的社会分工后，私有制条件下劳动的“异化”导致了教育的“异化”，学校教育使教育活动从生产活动中分化、独立出来，被脱离体力劳动的统治阶级垄断，这就违背了教育自身的目的。大工业生产对工人素质提出了新要求，要求学校教育转向为生产服务、为人类服务的轨道，开始进入“复归教育”时代。此后，工业化进程越深入，教育面向生产、面向人类的本质就表现得越清楚。“复归教育”将是一个漫长的过渡时期，其间，“异化教育”的残余影响难以完全避免，有时甚至会很严重。“异化教育”是教育发展史中必定要经历、也必定会超越的历史阶段。随着社会的发展，教育将逐步达到自身的完善，最终在更高水平上与生产再度融合，与人的需要再度融合，进入自由教育的时代，教育促进人全面发展的本性将得到最理想的体现。在我国，人们最初明确提出素质教育的直接原因是针对“应试教育”倾向的，这一倾向影响了提高国民素质的教育目标的实现，给国家和民族的未来造成极大危害。素质教育今天已成为我国党和国家教育工作的重大战略决策，其意义需要重新认识。素质教育不仅为了克服“应试教育”的弊端，而且合乎人类教育的发展趋势，也合乎当代国际教育改革的潮流，既是逻辑的必然，也是历史的必然。

二、素质教育理念的内涵

关于素质的含义，国内学术界尚有争议。素质一词原来是生物学中的一个概念，指个人先天具有的解剖生理特点，包括神经系统、感觉器官和运动器官的特点，其中脑的特点尤为重要。它们通过遗传获得，又称为遗传素质。素质对人的能力形成和发展有重大影响。如神经过程的强度与人的注意力的集中和持久性有关，神经过程的灵活性与思维力的敏捷性有关，素质对人的性格、气质形成也有影响；素质是人的心理特征形成、发展不可缺少的前提条件，但不是唯一的因素。另一种观点认为，素质是指公民成为某种专门人才的基本品质。如国民素质、民族素质、教师素质等，都是个人在后天环境、教育影响下形成的。目前，我国已经把素质扩大泛化为社会学和教育学双重含义的特定概念，它是指个人在先天的基础上，通过后天环境的影响、教育培养和个体积极参与而形成的、顺利从事某种活动的多方面综合性的基本条件和基本品质。

“素质”的心理学概念，从狭义上来说是指人的先天特点和禀赋，通常指人生来具有的某些解剖生理特点，特别是神经系统、脑、感觉器官和运动器官的解剖生理特点；从广义上来说，是指人在先天遗传的生理条件基础上，受后天环境教育的影响，通过个体的自身认识与社会实践形成的、比较稳定的身心发展的基本因素和品质。概括地说，其内容包括思想道德品质、科学文化品质、创新素质、审美素质、身体素质五大部分。从其特点分析，思想道德素质具有导向、动力的作用，是人的灵魂，决定个人的政治立场的方向以及生活和行为方式；科学文化业务素质是知识与能力的总汇，取决于个人的知识总体水准；创新素质具有超前的意识和开拓进取的功能，决定个人分析问题的实践能力；审美素质是人对事物、文学艺术和运动竞赛的欣赏水平；而身体心理素质则是决定一个人的形态、机能、体能的表现和面对人生中无法避免或难以预料的种种困难与挫折，是否拥有勇往直前的勇气和顽强的意志品质的心理反应。

与“素质”概念相关联的“素质教育”的含义是促进学生德、智、体、美、劳等全面、和谐发展，形成良好的个性的教育。从根本上讲，是指在人的固有的“感觉器官”和“神经系统”的“生理条件”的基础上，开发和促进人的“心理发展”，并赋予人的“心理内容”和提升人的“发展水平”的工作与活动，就其宏观而言是一种国民性教育；就其微观而言是一种个性化教育，是提高人的整体素质、开发潜能、提高主体意识、发展良好个性、形成健全人格的教育。因此，素质教育的最终目标是发现和开发蕴藏在学生身上潜在的创造性品质，培养具有健全人格的人。所以，“素质教育”不是一般的知识教育、技能教育或操作教育，而是一种具有开发性的心理教育、情感教育、意志道德教育和人的整体发展水平教育，归根结底，是一种世界观、人生观、价值观和审美观的教育。

三、素质教育理念的特征

（一）以人为本

素质教育以人为本，这是教育本质的体现，是教育本体功能的回归。关于教育的本质，理论界的讨论远未终止，也不会终止，因为人们对本质的认识是没有止境的。到目前为止，各种观点尽管反映着不同时代、不同阶级的不同利益，但各种论述却有一个基本的共同点，即把教育看作培养人的活动。实施素质教育的根基就在于以学生发展为本。具体地说，在推进素质教育的过程中，必须考虑并做到：一切为学生发展，为一切学生发展，为学生发展的一切。从这一根本点出发，尊重、关心、理解与信任每一个学生。

（二）面向全体

素质教育是面向全体国民的教育，对各级各类学校而言，则是面向全体学生的教育。面向全体的核心是教育机会平等。教育机会平等包含三层含义：一是受教育权利和义务的平等；二是受教育机会平等；三是教育结果的相对平等。即每个学生在接受某一阶段教育后都能达到国家规定的最基本的标准，都能获得学业上的成功，都能在德、智、体、美、劳等方面获得全面发展。面向全体除了依法保障学生学习发展的基本权利，还指教育过程中应该面向每一个有差异的学生。面向全体学生，最终要落实到面向每一个具体的学生。而每一个具体的学生又各不相同，互有差异。面对着互有差异的学生，“应试教育”的态度是带歧视性的选拔，以忽视大多数学生发展为代价来“优待”少数学生。素质教育并不否认培养英才的意义，而是在面向全体的基础上用民主的方法扩大教育的基础，使得所有个人的才能都能得到实现，这样便促进了天然的杰出人才的产生。就是说，素质教育是一种非歧视性的民主性教育，在这样的教育模式、教育氛围中，各种杰出人才都会“天然”地产生；机会平等是要肯定每一个人都能受到适当的教育，而且这种教育的进度和方法是适合个人特点的。努力开发每个学生的特长和潜能，使每个人都在他原有的基础上得到最大限度的发展，这是面向全体学生的教育的真谛。

（三）主体精神

主体是指从事现实活动的人，即活动的承担者和发动者。主体精神是人作为活动主体在自觉活动中表现出来的一种性状，既包括主体的能动性、创造性和自主性等精神因素，又包括主体将这些精神因素物化为活动成果的能力因素。素质教育的主体性指在素质教育过程中，管理者、教育者、受教育者的主体意识充分觉醒，包括主体潜能在内的主体能动性的充分发挥，主体精神世界和意志的充分拓展，主体素质的全面提高。应试教育在升学率的压力下，压抑和扭曲了人们原本应有的主动性、能动性、积极性，教育给人们带来的常常不是自我创造的审美愉悦，而是倦怠、痛苦、挫折和尊严的贬损。素质教育以突出受教育者的主体精神为重要标志，将所有的教育活动都建立在学生主动需要的基础上，学生的学习活动是在学生自主探索的过程中进行，以满足学生的学习需求为直接目的。

（四）终身发展

素质教育具有终身的性质，素质教育应该从基础教育阶段扩大到各级各类教育。从纵的方面说，素质教育将体现教育的连续性和一贯性，强调学前经验和学校学习的结合，学校和学校后实践活动的结合，强调各级教育在组织和内容上的一体化；从横的方面看，素质教育体现家庭、学校、社会的一体化，体现了教育与生产生活的密切结合。作为终身教育体系基础的学校教育不仅要传授知识，更要为每个学生的终身发展奠定基础。

第四节　班主任的主体教育理念

20世纪80年代以来，主体、主体性等概念在中国的人文社会科学领域，特别是在哲学领域逐渐流行开来。教育理论界也在稍后的时间里提出了主体教育理念思想，并开展了许多主体教育理念的实验。今天，主体教育理念思想已经成为指导我国教育改革与发展的重要理论根据之一。

一、主体教育理念的内涵

何谓人的主体性？在教育理论中，学者们更多的是从哲学角度加以理解的，认为人的主体性是人作为社会活动主体的本质特征，是主体作用于客体时表现出来的特性，它是人区别于其他动物的标志，它最能体现人的本质力量。而学生的主体性，可以包含两种含义：一种是人在自我发展中的主体性，这是处于发展和提高过程中的不成熟、不完全的，开始甚至是很微弱的主体性，它属于教育与发展过程的问题，是在教育过程中需要调动、培育和提高的学生的主体性；另一种是人在历史发展中的主体性，这是在社会作用、包括教育影响下学生达到一定发展水平，能独立自主地发挥能动作用的主体性，它属于教育目的和结果的问题，是教育应塑造、追求和实现的学生在未来发展上成为社会主体的人的主体性。为了造就具有主体性的社会成员，弘扬人在社会历史发展中的能动作用，就必须注重在教育过程中调动、培养和不断提高学生的主体性。

学生作为一个正在成熟和发展中的个体，他的主体性需要通过多种途径得以培养和发展。而教育作为学生生活的一个极为重要的组成部分，作为一种有目的、有计划、有组织的培养人的社会实践活动，是通过促进人的社会化和个性化来展开的。而人的社会化和个性化的过程，就是人的主体性素质的不断培育与展现的过程，其结果便是个体由自然人逐步成为社会生活的主体、社会活动的主体。只有这样的人才能主动、积极地参与社会生活，并为社会进步做出贡献。从这个意义上讲，教育在本质上是对个体主体性的培养过程，是一种主体教育理念。所谓主体教育理念是指根据社会发展的需要和教育现代化的要求，教育者通过启发、引导受教育者内在的教育需求，创设和谐、宽松、民主的教育环境，有目的、有计划地组织、规范各种教育活动，从而把他们培养成为独立自主地、自觉能动地、积极创造地进行认识和实践活动的社会主体。总而言之，主体教育理念是一种培育和发展受教育者的主体性的社会实践活动。

二、主体教育理念的特征

（一）思想层面的科学性与民主性

学生主体性发展的重要基础是其生理、心理、文化结构的全面、和谐和充分的发展，而不是某个方面或局部的发展。学生的主体性素质是一种综合的、整体的素质，各要素之间具有相互影响的内在制约关系，即一种主体性素质的发展，有助于促进其他主体性素质的提高。传统教育在追求教育的“科学化”方面往往是不自觉的、局部的、非系统的，且仅仅流于空洞的设想和美妙的愿望，致使在实践中出现了许多偏差。主体教育理念则是建立在尊重学生的主体地位和学生学习发展的客观规律基础上，对学生进行全面科学的引导，促使学生在自主发展的教育教学过程中不断建构合理的观念结构、知识结构、智力结构和方法结构。主体教育是在师生共同营造出的活泼、生动、和谐、民主平等的教育氛围中进行的。民主平等的人际关系，是学生主体性发展的基本条件和前提。在传统教育中，存在两种典型的师生观：一种是专制主义的师生观，夸大了教师的主导作用，学生于被动、压抑状态，谈不上自主性和能动性，更谈不上有创新精神；另一种是放任主义师生观，片面夸大了学生主体作用，排斥了教师在教育活动中的地位和作用。主体教育理念的师生观是一种对传统教育中两种对立的师生观的整合，它认为师生关系应以民主平等为基本原则，民主平等是主体教育理念师生观的基本价值取向。民主性主要表现在两个方面，一是把教育变成一种民主的生活方式，尊重学生的主体地位；二是使教育过程成为学生民主思想、民主精神、民主参与能力的培养过程，以民主化的教育造就一代富于主体性的新人。

（二）实践层面的活动性与开放性

学生主体性发展是以活动为中介的，学生只有投身于各种活动之中，其主体性才能得到良好的发展。学生主体性的形成与发展，究其实质，可以抽象概括为两个方面：一方面是通过活动不断地将人类文化知识据为己有的内化过程；另一方面是通过活动不断地将已有的心理品质表现出来的外显过程。学生的主体性正是通过内化与外显的无数次交替而逐步形成、发展和完善的。学生在活动中形成着并表现出主体性，活动是影响学生主体性发展的决定因素。从某种意义上讲，主体教育理念就是对学生学习活动的规范、组织和引导，通过精心设计各种教育活动，使影响学生主体性形成和发展的各种因素得到优化，使各种不同的活动形式和决定着它们的诸多条件相互促进、紧密结合，从而对学生的身心发展发挥主导作用。开放型社会需要开放型人才，而开放型人才则需要由开放型教育来培养。现代社会要求通过教育，能够培养出大批具有开放型思维方式、多维智能结构的人才，这也对教育提出了更高的要求。主体教育理念的开放性，主要表现在学校教育系统与整个社会生活的紧密联系上，要求把学生从课堂引向广阔的社会，缩短对社会生活的适应期；还表现在学校教育内部应树立开放的教育观念，确定培养开放型人才的教育目标和内容，建构开放的教育体系，选择和运用开放式的教育方法和途径等。

（三）教学模式的主体参与性

教学模式是教育观念与指导思想、教育目标、内容、方法与评价等要素的总称，它是教育思想与教育实践之间的一个中介环节。现行应试教育模式中的一个根本缺陷就是学生主体参与的缺失，导致学生主体性生成机制的缺失，这是不适合社会发展对人的素质的要求的。而主体教育理念思想指导下的教学模式一改现行教学模式以知识教学为主，视学生为被动的客体，教学活动的设计、组织和实施都是为了掌握知识的局面。主体参与教学模式承认学生的主体地位和作用，对教学本质的认识不再停留于“特殊认识说”，而是把教学视为构建学习主体的对象化活动。课程内容的掌握仍是重要的，但课程内容掌握本身不再是教学的目的，而是成为构建学习主体的手段。教学目的是把课程内容转化为学习主体的主体意识和主体能力，教学的整个过程就是为了学生主体性的发展，使学生最终成为能够自主驾驭和支配整个世界（自然、社会、人自身）的主体。主体性教学模式在新的教学观的指导下，将教学活动设计成为极富个性化的活动，既要求教师充分发挥主体性，针对教学对象、教学内容、教学目标、教学手段以及自己的教学背景进行综合考虑，精心规划和安排，又一切以学生的主体参与为核心。因此，主体参与应是主体性教学设计的根本原则。主体参与原则就是指教师在设计教学时，把参与性贯穿在教学的整个过程，使学生最大限度地处于主体激活状态，能主动积极地动手、动口、动眼、动耳、动脑，去行动，去实际操作，给学生创设积极活动的情境，使学习成为学生的自主活动。

三、主体教育理念的内容

（一）以人为本

以人为本是当代社会一个最有号召力的口号，它的现实根源就在于工业社会异化了人的主体性，人在自己的世界里迷失了方向，需要重新找到自身位置。以人为本就是要将人类的活动重新归结到以人的发展与完善为方向上来。主体教育理念认为个人的发展是社会发展的基础，社会发展的最终根源在于人的发展，社会发展是为人的发展服务的，其最终目的是为了人的生存和发展。随着社会的进步，越来越多的人已经建立起了以人的发展与完善为首要目的的社会发展观。正如日本教育家小原国芳在《全人教育论》中所言：“我只想把出发点归之于‘人’。回到人！回到人！只进行‘人的教育’，无论主观愿望如何，回到人，进行‘人的教育’，便会有真正的教育。”主体教育理念强调教育应以人为本，将人作为教育的最高目标和最基础的出发点，以尊重人、发展人为教育的根本宗旨，确立受教育者在教育活动中的主体地位，激发他们的能动性、自主性和创造性，增强学生主体意识，确立学生的主体地位，提高学生的主体能力。

（二）主体参与

应试教育模式中的一个根本缺陷就是学生主体参与的缺失，导致学生主体性生成机制的缺失，这是不适合社会发展对人的素质的要求的。主体教育理念的基本理念最强调的就是学生的主体参与，主体参与是主体教育理念的最核心理念。学生主体性的发展是以活动为中介的，学生只有投身于各种活动之中，其主体性才能得到良好的发展。主体参与强调学生参与活动的态度与方式，现代教育所提倡的就是主体参与基础上的活动，活动基础上的发展。教育作为一种有目的地培养人的社会实践活动，要有效地促进个体主体性的发展，就不能不重视个体在教育过程中的各种活动，必须根据一定社会的要求和个体主体性发展的一般规律，通过精心设计各种教育活动，使影响学生主体性发展的各种因素达到优化，为个体主体性发展提供机会、创造条件，发挥主体教育对个体主体性发展的主导作用。

第五节　班主任的创新教育理念

21 世纪是一个以知识经济为主要特征的时代，而知识经济最突出的特征就是创新，它不仅要求一个人要具有较高的创新意识和创新能力，而且要求一个国家、一个民族也要具有不竭的自主创新精神。可以毫不夸张地说，当代教育从本质上来说，其实就是一种创新教育，因而高职班主任必须秉持创新教育理念。

一、创新教育理念的内涵

“创新”这一概念是在 20 世纪初期由当时的经济学家从技术应用这一角度提出来的，其主要意思有两层：一是创造发明，即创造前所未有的产品，强调首创性；二是重组，即把已有的成果引入到新领域并加以重新组合，产生新的效益。“创新”引入教育，就是创新教育。所谓创新教育，就是学校按照一定的培养目标和培养规格，通过有效的教育手段和科学方法，培养受教育者的创新意识、创新能力和创新人格，使其成为适应知识经济需要的创新人才的教育。创新教育是反映时代精神的一种新的教育理念，是以创新为价值追求的全新的教育实践。创新教育不仅是教育方法的改革或教育内容的增减，还是教育功能上的重新定位，是带有全面性、结构性的教育革新和教育发展的价值追求。为了培养造就适应未来需要的创新性人才，必须要有适合这样人才成长的“土壤”和良好的环境。

二、创新教育理念的特征

（一）全体性

创新教育不是精英教育，它是面向全体学生的教育。创新教育的提出从深层次上讲，是社会经济的发展对培养人才提出的新要求。新时代不但需要杰出人物的创造，需要专门人才的创造，更需要千千万万个劳动者的创造。科学需要创造，技术需要创造，产品需要创造，生活需要创造……从广义上讲，创造是现代人的基本品质和生活方式。以至于人们不得不确立这样一个观点：现代社会中，创造是每个学生需要掌握的生存本领，不管你是小学生、中学生，还是大学生，不管你是优等生、中等生，还是后进生。创新教育的信念是：每个学生都有创造的潜能，关键在开发教育。只要开发得当，教育适时，每个学生的创造潜能会被唤醒，从而形成创新能力。与素质教育一样，创新教育也是一种面向全体学生的教育。

（二）基础性

创新能力的产生和发展，建立在两个基础上。一是生理基础。人类大脑由左半脑、右半脑两部分组成。左半脑同抽象思维有关，右半脑则执行形象思维的功能。科学研究表明：人的创新能力与右脑有着密切关系，只有把左、右脑的功能平衡发展，让左、右脑的活动相互配合，人的创新能力才能得到充分发挥。二是知识基础。创新能力是建立在牢固、深厚的知识底蕴之上的。有了知识底蕴，才能产生创新观念，才能对问题进行分析、比较，才能得出创新结论。

（二）民主性

创新的思想往往产生在民主、宽松、协调、合作的氛围中。学生感到宽松、融洽、愉快、自由、坦然，没有任何形式的压抑与强制，才能自由与自主地思考、探究，提出理论的假设，无顾忌地发表见解，大胆果断而自主地决策和实践，才有可能创新与超越。如果没有民主，学生感到有压力，担心不安全，时时处处小心翼翼、顾虑重重、如履薄冰，一味看教师或领导的眼色行事，个人的聪明才智与激情都被压抑，只能表现出依赖性、奴性，越来越笨拙与迟钝，因此，民主性是创新教育不可或缺的内在特性。

（四）实践性

创新教育特别重视实践性。一方面，创新教育是一种开创性的教育，是人类教育史上的一种新型教育。需要人们大胆创新，勇于实践。在积极的实践中构建创新教育的理论框架，构建创新教育的实践体系。另一方面，创新教育的本身也必须坚持实践性的原则。为了提高学生的创新能力，必须做到理论与实践相结合、学校的课堂教学与课外活动相结合、学生的“学”与学生的“做”相结合。让学生在实践中亲自体验，亲自动手，亲自设计，亲自评价，既享受创新的喜悦，又培养创新的能力。

三、创新教育理念的内容

（一）重视创新意识的培养

创新意识培养的主要目标，是要使学生产生推崇创新、追求创新的强烈动机并以创新为荣，这是创新行动的起点。因为只有强烈的创新意识的引领，一个人才会产生探索新事物的兴趣和爱好，才会激起研究事物的欲望和需求，才会激起创造新事物的热情和勇气。这样才能不断地进行有目的、有意义的创新活动。

（二）强调创新精神的塑造

强调创新精神塑造的目的在于，使学生敢于探索、敢于开拓。不迷信老师和权威，能用批判的眼光看待事物，一旦看准目标，就会坚持不懈地追求下去。这是一个人创新的灵魂和动力，为创新提供了精神支柱。

（三）彰显创新能力的开发

创新能力的开发是创新教育的核心内容。创新能力主要包括创造性思维能力，创造性想象能力，创造性地计划、组织与实施某种活动的能力。要把潜在的意识精神转化为现实的创新成果，必须具备相应的新能力。只有有了这种能力，才能解决创新过程中所遇到的种种问题，才能攻克重重难关。每个人都具有创造潜能，潜能需要后天的开发，因此，创新教育应紧紧围绕以开发人的创造潜能、培养学生的创新能力来展开。忽视了这一点，创新教育也就失去了应有的作用。

（四）突出创新人格的养成

创新人格的养成是创新活动成功的保证。创新人格一般来说主要指有恒心，有强烈的责任感，有坚强的性格，有敢于面对挫折与失败的勇气，有一丝不苟的个性特征。可以说，这些都是形成和发挥创新能力的底蕴。

第四章　班级日常工作管理

第一节　班级日常工作管理概述

一、班级日常工作管理的理解

（一）班级日常工作管理的内涵

班级日常工作管理是指教育者从培养人的目标和班级工作的实际出发，对班级学生的日常行为进行的经常性教育，对班级整体进行的常规性管理工作。所谓学生的日常行为，是指学生每天自身的生命活动过程中以及在班级学习生活中表现出的最基本、最一般的精神面貌及行为表现，如出勤、学习、课间活动、同学交往，学生的情绪、身心健康等状态。

（二）班级日常工作管理的实质

日常工作管理是班级管理的重要内容之一，是班级工作的基础。班主任对学生的管理首先从班级日常管理开始，班主任与学生的交流和对学生各方面现实表现的了解主要在班级日常管理中实现，对学生的教育也是在班级日常管理中进行的。因此，班级日常工作管理的实质就是指导、规范和控制学生的行为和意向，使之按学校及社会的要求进行个人行动。

二、班级日常工作管理的内容

班主任管理班级的各项任务都要体现和落实在班主任日常工作管理的内容上。班主任对班级的日常工作管理主要包括以下几个方面。

（一）学生思想品德的教育

品德是道德品质的简称，是指社会道德现象在个体身上的表现，是一个人经常而稳固的心理倾向和特征。不同的人有不同的品德，有的勤劳，有的懒惰，有的勇敢，有的怯懦，有的大公无私，有的自私自利等。思想品德教育是将一定社会的思想道德转化为学生个体的思想道德的过程。

学生正处在长身体、长知识和品德形成的重要时期，班主任对学生的思想品德教育要有明确的教育目标、有指导性原则、有较为稳定的教育内容、有教育活动的安排、有时间的保证、有科学的评价和考核方法、有良好的环境氛围等。

班主任在实施思想品德教育时，必须根据教育目标，不失时机地对他们进行品德教育，在课堂教学中要求他们遵守课堂纪律，认真学习；在课外活动中引导他们爱惜公物，互相帮助；在劳动中要启发他们热爱劳动，习得技能等。只有这样，才能使班级思想品德管理具有实效性，才能克服班级思想品德管理中的随意行为和短期行为。

1. 班主任对学生进行品德教育的途径

马丁·路德认为："一个国家的前途，不取决于它的国库之殷实，不取决于它的城堡之坚固，也不取决于它的公共设施之华丽，而在于它的公民的文明素养，即在于人民所受的教育……"同样，"十年树木，百年树人"的"树人"，其内涵讲的也是人的品德修养。由此可见，道德普遍地被认为是人类的最高目的，因此也是教育的最高目的。

思想品德的基本要素包含受教育者的道德认识、道德情感、道德意志和道德行为，简称知、情、意、行。因此，班主任对学生的思想品德教育，应从以下几方面入手。

（1）形成道德认识。道德认识是人们对是非善恶的认识和评价以及在此基础上形成的道德观念，包括品德知识和品德判断两个方面。道德认识和一般认识过程一样，要经过感性认识和理性认识两个阶段，即由认识道德现象，逐步到认识本质。由于学生对道德的认识程度不同，理解深浅不同，因而会具有不同的道德认识水平。因此，班主任在帮助学生形成道德认识时，应注重从分析道德现象入手，提高学生的感性认识，再升华为理性认识。

（2）激发道德情感。道德情感是人们对客观事物做是非、善恶判断时引起的内心体验，表现为人们对客观事物的爱憎、好恶的态度。道德情感是学生产生品德行为的内在动力，是实现执行转化的催化剂。教育心理学认为，道德品质的形成，是一个从道德认识到道德行为的过程。但是，从知到行并不是直线运动，必须有情感参与，才能从道德认识过渡到道德行为。

（3）磨炼道德意志。道德意志是人们为实现一定的品德行为目的所做出的自觉而顽强的努力。道德意志是调节学生道德行为的精神力量。班主任可以通过创设情境、角色扮演、实践环节、体育锻炼等磨炼学生的意志。

（4）训练道德行为。道德行为是实现道德认识、道德情感以及由品德需要所产生的品德动机的外部行为。道德行为是通过实践或练习形成的，它是衡量道德水平的重要标志，也是衡量少年儿童认识与修养水平高低的重要标志。思想品德教育的关键在于把学生的道德认识、道德情感转化为道德行为。因此，班主任在对学生进行品德教育时，必须抓住训练学生道德行为这一环节。学生道德行为训练主要有反复模仿、有意练习和情境演练等方式。

（5）通过规章制度管理。通过规章制度管理主要是体现管理过程的规范性。在品德管理中通过完善的德育制度和规定性的要求，可以使学生从具体的“规定”中理解概括性较强的目标含义，因此，班级品德管理目标就能够在对学生不断地提出德行具体要求中得以体现。规章制度又有较强的约束性，能够促使学生注意品德行为表现。通过规章制度管理可以使学生知道该做什么，怎么去做。

通过规章制度进行班级品德管理，能否真正地取得管理效益，一方面取决于班级规章制度的方向性、科学性和可行性，具备这三性，规章制度才会有教育意义，才能发挥持续作用。另一方面取决于班主任的素质和权威性。班主任的整体素质较高，可以提高班级规章制度的质量，可以使规章制度更能符合多数学生的需要。班主任整体素质较高，又可以使规章制度活化为班级的强有力的舆论，活化为学生的自觉意识。所以规章制度的教育作用与班主任有极为密切的关系。班主任的权威性又是与规章制度的权威性相辅相成的，也可以说没有班主任的权威性就不会有规章制度的权威性；没有规章制度又会使班主任的权威变成个人的独断。显然这都不利于班级品德管理工作的发展。

通过规章制度进行班级品德管理要做到规章制度有群众基础，有切实可行的操作要求，有公平合理的奖惩办法，有督导检查评定的具体措施。这样就会使学生在执行规章制度中，把班级品德管理要求化做自身的要求，形成自觉的执行规章制度的行动。由此学生才能由被动变为主动，逐渐形成自我教育的力量。学生面对的规章制度要符合可操作性的要求。可操作，学生才会去做，否则规章制度就会成为一纸空文。学生执行规章制度毕竟是一种他律要求，要学生完全自觉也是不实际的，所以检查督导和奖惩又是必要的，其意义就在于促使学生不断增强自律意识，使班级品德管理目标更好实现。

2. 班级品德教育应注意的问题

（1）品德教育要倡导个性化。品德管理要尊重学生个体，满足他们的需要，千万不要追求表面效应。当今社会价值兼容并包，在坚持原则的前提下，把握好道德价值取向的尺度，有利于增强德育的可信度。

（2）品德教育重在内化。目前，思想品德教育普遍处于可听不可信，可信不可行的状况，究其原因主要是班主任忽视学生的道德需要和道德内化过程，教育内容脱离学生实际，教育方法过分强调灌输、服从。因此，要提高思想品德教育的实效，我们就必须转变观念，克服传统德育的种种弊端，正确处理好道德内化过程中出现的问题。

（3）品德教育要利用网络的力量。随着信息技术的快速发展，信息网络技术直接影响着学生的学习方式、思想意识和伦理道德，给班主任的品德管理工作提出了挑战。

网络最大的特点是自由的、开放的、即时的。但网上也存在不利于学生身心健康的内容，因此，班主任要学习网络知识，加强网络文化的研究，利用网络的积极因素，克服网络的消极因素，做好学生的品德管理工作。

（二）学生学习的管理

教学是学校的中心工作，学习是学生的主要任务，所以，学习管理也是所有管理中的首要任务。学习管理的根本目的是保证学习秩序、创造学习条件、调动学生学习的积极性和纠正学生不良的学习思想和行为，最大限度地发挥和启发学生的内在动力，使学生科学地学习、创造性地学习，提高学生的学习质量。班主任应该协助其他任课老师的日常教学工作。凡是对提高学习质量有益的因素，如学习制度的制订、学习动机的激发、学习态度的保持、学习环境的创设、学习方法的指导、学习习惯的养成、学习纪律的遵守等，都应予以关注。

1. 进行学习目的教育

班主任抓学生的学习质量，首先要向学生进行学习目的和学习动机的教育。学习目的是学生进行学习所要达到的最终结果，是学生学习的内部动力，它可以激励学生刻苦学习，养成良好的学习习惯。一个学生没有明确的学习目的，学习将成为他毫无乐趣的沉重负担。

2. 培养学生学习兴趣

兴趣是学生力求深入地认识某种事物，或乐于参与某种活动的一种积极的意识倾向。兴趣是最好的老师。达尔文在回忆自己成长的历程时说过：“就我记得的在学校时期的性格来说，其中对我后来发生影响的，就是我有强烈而多样的兴趣。”可见，重视发展学生的兴趣很有必要。

3. 重视学习习惯养成

学习习惯对学生的学习影响很大。班主任老师要认识到良好的学习习惯是学生在学习过程中不可缺少的一种修养。这种修养不仅对学生学好功课有益和必需，更重要的是对他们将来进一步学习和自我提高有重要意义。班主任在学习管理中要关注学生的学习习惯，还要引导他们养成良好的学习习惯。

4. 进行学习意志训练

意志是人们自觉确定目的，并根据目的支配、调节行动，克服困难，从而实现预定目的的心理过程。毅力是坚强持久的意志。

5. 加强学习方法指导

学生学习成绩的好坏，学习能力是个基本标准，而学习能力的形成，又和学习方法有密切关系。方法对头，事半功倍；反之，则事倍功半。学习方法是打开知识宝库的钥匙。学生掌握了这个金钥匙，就能打开知识的大门，自由地索取知识的财富。

（三）学生纪律的管理

培养学生自觉遵守纪律，是保证良好班级秩序不可缺少的条件。针对学生的特点，班主任可从以下几方面培养其纪律性。

一是经常进行学校规章制度教育，让学生把这些规则和要求作为行为的准则，使学生知道哪些应该做，哪些不应该做。二是要坚持正面教育，对学生不要粗暴，要动之以情，晓之以理，导之以行；要树立榜样，榜样的树立要具体、明确、合理；运用奖励机制，强化学生好的纪律行为。三是与任课老师联系，构筑教育的合力。四是采用科学的教育方法，如行为强化、契约法、过矫正法等。五是建立稳定、正常的教学秩序，如考试纪律要求，以保证教学任务的完成。

（四）班委会的管理

班委会是班级的核心，是保证班级计划的实现、完成学校各项要求、自觉遵守纪律并起带头作用的力量，是班主任的得力助手。班主任在班级管理过程中要对其实施充分的管理，实现对班委会的领导，让其发挥应有的作用。

一个班级的事务性工作很多，要想搞好班级建设，就要充分发挥班委会的作用。班委会的工作任务，是在班主任的领导下，组织班级常规活动，开展丰富多彩的活动。班主任对班委会管理的核心问题就是选择、使用和培养班干部。

（五）班级劳动的组织管理

组织学生参加劳动，是对学生进行思想品德管理的途径之一。它能使学生养成劳动的习惯，培养正确的劳动观点和热爱劳动的思想感情；也是增强体质，提高自我服务能力，扩大知识视野，接触社会的重要渠道；更是学生运用自己的生活经验和所学知识、技能创造性地解决问题的重要途径。其内容和形式有以下几点。

1. 值日劳动

值日生的分配和管理是班级工作的一个组成部分。这一工作的好坏直接关系着一个班级的环境卫生，关系着学生的学习情绪和身心健康。

2. 家务劳动和自我服务性劳动

家务劳动和自我服务性劳动重在训练学生日常生活所必须具备的劳动技能，是培养独立的生活能力和劳动习惯必不可少的。家务劳动和自我服务性劳动的组织，可以通过布置劳动作业、开展竞赛活动、举办才艺展示等方式进行。

3. 社会公益劳动

社会公益劳动是对学生进行共产主义教育的重要手段。对培养学生不计报酬、不讲条件、团结协作、乐于助人的思想品质具有不可忽视的作用。但班主任在组织学生参加社会公益劳动时，应注意考虑学生的年龄特点，注意安全性。

（六）学生课外活动的组织管理

课外活动是课堂教学的延伸，是促进学生全面发展的重要手段。

1. 课外活动的目的

一是把课内所学，通过课外活动加以巩固、深化，并转化为能力。二是进行道德情操的陶冶。三是可以补充课内学习的不足，开阔视野，丰富阅历，发展智能，如参观活动。四是培养兴趣，发展专长爱好，如围棋活动小组。五是可以鼓励学生自我表现，培养竞争精神。六是课外活动是教师了解学生，调整师生关系的最好渠道，因为只有在活动中，学生的道德品质，学生的精神面貌、内心世界，以及才华才可得以充分表现。

2. 形式和方法

课外活动内容的广泛性，决定了形式的多样性。如从内容上讲有文娱活动、体育活动、科技活动、文学活动、艺术活动、社会公益活动等。从组织形式上讲有班会活动、队会活动、课外小组活动等。从活动形式上讲有会议形式、歌舞形式、诗歌形式、游戏形式、竞赛形式、参观访问形式等。内容决定形式，形式为内容服务。从参加人数上讲有集体式和自由式两种，集体式指全员参加的课外活动，自由式指学生自己自愿选择并参加的课外活动。

3. 课外活动小组的建立与指导

班主任在课外活动小组的建立与指导上应注意：第一，课外活动小组的建立要从学生实际情况出发；第二，课外活动小组的建立要从本班所具备的条件出发，具有可操作性；第三，课外活动小组的建立要以学生的自愿为原则，让学生从自己的兴趣出发，选择最喜欢的活动，发展自己的特长；第四，提供必要的指导和服务。

（七）学生增强体质和卫生保健的管理

体育运动和卫生保健是学生成长的重要方面，也是学生生活、班级活动的重要内容。对班级体育活动的管理工作，主要是建立体育活动的制度，班主任通过组织手段使之落实。首先，就是使学生持之以恒地参加体育活动，并且能够因地、因时、因人去加以调节。其次，在学生参加学校统一的体育活动时，班主任要进行组织督促，使这些活动能够具体落实并真正产生积极的效果。最后，是学生卫生保健。班级卫生保健管理，主要是帮助学生养成卫生保健习惯，防止疾病感染，注意饮食营养卫生，保持个人卫生及环境卫生。科学安排学习时间和睡眠时间，预防近视。对体育活动和个人卫生的管理，容易被班主任忽视，而这方面又必须依靠经常性的管理才能奏效，所以班主任一定要将其列入工作日程内。

（八）学生安全的管理

学生安全是个大事情，在大学生中安全事故可能出现不多，但是一经发生，就可能有严重的后果。学生的不安全因素主要是可能出现的意外伤害、运动伤害、食物中毒、传染性疾病，还有建筑隐患以及天然灾患引发的安全事故等。一般来讲，有些安全问题可以预见，通过教育和安全措施可以得到预防；有些则难以预料，这就需要教师平时要细心观察，及时发现不安全因素，将风险降到最低点，同时，班主任要学会并掌握安全事故的应急方法。

（九）对班级财物的管理

班级的财务，尽量由学生保管，由他们决定支出并记账，班主任只需要给予协助。在财物管理方面，班主任要做到：一是教育学生认真地对待班级收入和支出，保管者要账目清楚、手续齐全；二是制订必要的班级收入的使用原则和使用规定，杜绝滥用或仅依照班主任的意图使用，减少不必要的开支；三是教给学生保管办法，并督促有关学生定期公布班费使用情况。

对班级财物的管理，班主任也要做到以下几点：一是财产设备的数目、质量、使用情况要记载清楚；二是财产设备如有变化，一定要交接清楚；三是财产设备损坏、消耗或遗失等情况要及时登记；四是制订财产管理制度，最好分别由专人负责，并注意向学生进行爱护公物的教育。

（十）学生档案管理

班主任了解学生的方式很多，在日常管理中，一般可以采用建立学生档案、班级日记、学生周记等方式。

1. 建立学生档案

学生档案是指本校在学生管理活动中形成的，记录和反映学生个人经历、德才能绩、学习和工作表现的、以学生个人为单位集中保存起来以备查考的文字、表格及其他各种形式的历史记录。通过学生档案的建立，班主任可了解学生的成长过程以及学生的各种情况，对班主任日常工作管理有一定的帮助作用。

2. 班级日记

班级日记是学生记录班中发生各种事和对每位教师教学的看法和感受的记事本。在班中设置班级日记，让每个学生轮流写本班的班级日记，把班上发生的大事或小事记在班级日记里，然后班主任每天读一读班级日记，也许可以了解班中更多事情，及时解决问题。

3. 学生周记

学生周记是指学生每周复盘关于自己、同学或班级一周以来的情况，并以其中任意一个话题进行写作的内容。班主任可以通过学生周记，及时了解学生的心理情况和班级情况，并就相关问题给学生以解答与疏导，对常规问题可书面解答，对有代表性的问题可全班提醒。

第二节 班级日常工作管理中的评价工作

在现实中，评价是按照一定标准对客观事实作出价值判断。教育评价，是通过系统地采集和分析信息，对教育活动满足预期需要的程度作出判断的过程。评价过程是帮助评价对象实现目标的过程。在班级日常工作管理中，教育是目的，评价是手段，评价是为了更好地教育。

以评价的对象为依据，可以将教育评价分为四种基本类型，即学生评价、教师评价、课程与教学评价和学校评价。本节主要从班级日常工作管理中的学生评价角度进行研究和探讨。

一、学生评价的内涵

学生评价是指教师对学生的各个方面行为及成长发展情况的评价，包括对学生个体学习情况的评定，对学生态度、情感和身体发育情况的评价。具体说就是对学生各种行为或结果的价值做出评议和判断的过程。学生评价在教育评价活动中处于核心地位。良好的学生评价，既是教育评价的基本要求，也是做好所有其他评价工作的基础。

二、班级管理中学生评价的功能

（一）导向功能

学生具有向师性心理，班主任对学生的评价为学生的发展起到导向的作用。从某种意义上说，学生评价是一个指挥棒，引领学生发展的方向。班主任不同，学生的观念及行为就有所不同，这正是班主任对学生评价的杠杆作用的体现。

（二）激励功能

班主任在日常工作管理中，利用学生评价激发学生某种内在的需要，从而使学生奋发向上。班主任恰当的学生评价能让学生的自尊心得到充分保护，让他们产生自信，心情愉快，进而调动学生的积极性，使他们更加富有创造力。

（三）诊断功能

学生评价能让学生知道自己的优势和劣势，具有临床诊断的性质。班主任恰当的学生评价为学生了解如何发展自己和完善自己，做出何种努力，奠定了基础。

（四）发展功能

学生评价的导向、激励、诊断功能的发挥，有助于学生对知识的学习和掌握，有助于学生的多元智能、健全人格的发展。班主任恰当的学生评价能让学生产生自觉的行动，促其发展。

班主任对学生的评价作用不可小觑。班主任的某一次评价甚至会影响学生一生的命运。

三、学生评价的转变

随着新课程的实施，以学生发展为本的思想成为教育理论的共识。班级日常工作管理中的学生评价也应体现这一基本思想。

（一）学生评价观念的转变

传统的学生评价只看成绩，而获得优异成绩的只有极少数学生，无形中把评价变成一种甄别过程。而新的学生评价应该体现出不是为了给出学生在群体中所处的位置，而是为了让学生在现有基础上谋求实实在在的发展。班主任应转变学生评价观念，由重甄别和选拔评价转向重促进学生全面发展评价。

（二）学生评价功能的转变

班主任对学生的评价不仅要关注学生发展结果的评价，更应重视学生发展过程的评价。在对过程的评价中，让学生真正参与到评价中来，使评价能够触动学生的内心深处，让评价产生教育意义。对结果进行的评价是终结性评价，对过程进行的评价是形成性评价。前者又叫事后评价，目的是了解达到目标的程度；后者又叫平时评价，目的是把学生评价过程变成教育和指导的过程，变成不断促进学生发展的重要手段。

（三）学生评价内容的转变

美国心理学家加纳德在《人脑结构》一书中提出的智力多元论，向传统的评估学生能力的观念发起了挑战。加纳德认为，人的智力至少可以分为 9 种类型，即语言型、数学逻辑思维型、空间思维型、肢体运动型、音乐型、人际交往型、自省型、自然认知型、生存智慧型。有的学生可能 9 种智力发展得都好，有的学生可能某一方面的智力发展很好。据此理论来审视传统的教育评价，就会发现，传统的学生评价标准几乎都集中在语言智力和数理-逻辑智力方面，忽视了人的其他智力潜能，使许多学生被排斥在成功之外，甚至是一生都生活在精神重压之下。因此，班主任应改变过去只用单一标准评价学生的习惯，建立对学生多方面发展的评价体系，注重对学生综合评价。即由单一评价转向多元评价，通过全方位的评价，在全面了解学生发展的基础上，对学生进行有效地指导，真正使学生得到全面的发展。

（四）学生评价实践中学生地位的转变

传统的学生评价中学生作为被评价者没有任何权利，只有被动接受评价的义务，没有自主权可言。一旦班主任对学生有偏见，就会出现对学生评价的偏颇，这对学生是不公平的。班主任应在班级评价中加入人文因素，注重评价者与被评价者之间的交流和合作，促使被评价者主动、愉快地参与到评价过程中来。学生评价的积极参与包括两种形式，一是他人评价中的主动参与，二是自我评价中的自我控制与调节。

（五）学生评价方式的转变

班主任对学生的评价方式应该多样化，要改变以考试和测验作为评价的主要手段，而采用多种方法相结合，在认识到分数重要性的同时，不夸大分数的意义，形成立体、综合、多层次的评价方法体系，运用多种方法综合评价学生在情感态度、价值观、知识与技能、创新精神与实践能力等方面的变化与进步。不能把考试成绩作为标示学生类别的标签，更不能凭成绩判定学生的态度。

四、学生评价的基本方法

评价方法是指班主任为了实现对学生整体发展质量作评价的目的而采用的活动方式、程序、手段。

（一）班主任获取评价信息的方法

科学的评价依赖丰富而准确的评价信息。获取评价信息的方法很多，主要方法有观察法、谈话法、作品分析法、问卷法、测验法等。

1. 观察法

观察法指班主任有目的、有计划地对学生的行为表现进行系统、深入的观察以收集评价资料的一种方法。通过观察，可以在学生的态度、兴趣、习惯、创造性、价值观等方面获得许多很有价值的第一手资料，这些资料往往是测验法所不能准确得到的。

2. 谈话法

谈话法是一种通过言语交往的方式获得学生资料的方法。运用此种方法同样可以获得学生的态度、兴趣、习惯、价值观等个性评价资料。

3. 作品分析法

作品分析法指通过分析学生的作品，如日记、作业等，获得对学生评价的资料。

4. 问卷法

问卷法是一种书面形式的调查。问卷法主要用于个性测量及学生对班主任管理工作反应。采用问卷法需要注意两点，一是编制问卷要有科学性、针对性；二是编制问卷还要考虑是否便于数据统计，如封闭式问卷便于数据统计，开放式问卷可以了解学生更多的真实想法。

5. 测验法

测验法指通过一定的仪器、试题回答等方式对受测者的行为变化进行测量的方法。测验法主要有成绩测验、能力测验和人格测验等。能力测验和人格测验必须在专家指导下才能进行。对测验结果的分析应慎重、实事求是，还要注意保密。

（二）班主任对学生评价的一般方法

班主任为了全面考察学生的整体发展状况，需要在掌握学生信息的基础上，用各种方法从不同角度加以评价。在班级日常工作管理中，班主任常用的评价方法有以下几种。

1. 相对评价法

相对评价法是指在某一团体中确定一个基准，将团体中的个体与基准进行比较，从而评出其在团体中的相对位置的评价。例如，一个学生在一次考试中得了 75 分，那么他的成绩是好还是不好呢？单看这个分数是无法评价的，必须要知道全班或全年级的得分，以确定这个分数在整体中的相对位置，才能评价好或不好。这种评价方法就叫相对评价法。

2. 绝对评价法

绝对评价法是以一定的教育教学目标为评价的基准，解释测验结果。如上面提及的学生得了 75 分，这个成绩是否达到了合格的标准？也就是说是否完成了规定的教育教学目标？如果以 60 分为合格标准的话，他的成绩已经符合规定标准，完成了教育教学目标；如果以 80 分为合格标准的话，那么他的成绩就没有达到合格标准。因此，在运用绝对评价法时，确定合理的及格标准至关重要。

3. 纵向评价法

纵向评价法是将一个学生在不同时间的德、智、体、美、劳、心理素质等方面的表现加以纵向比较，分析其发展与变化，从而得出一定的评价结果。为了便于说明问题，可在进行比较的同时，为每个学生描绘一张设有纵横坐标的发展趋势图，这样可以简捷明了地判断学生各方面素质的发展变化情况。

4. 横向评价法

横向评价法是在同一时间内对一个学生多方面的素质进行横向比较。可同时比较各科学习情况，也可以将德育与智育联系起来比较，还可以比较智育、德育与心理素质之间的相互关系。通过横向的比较和分析，可以了解学生各方面的具体发展情况，了解学生的优势与劣势，据此指引学生今后的发展方向。

五、学生评价的建议

班主任对学生的评价是一个复杂的过程。评价时，要用发展的眼光看待学生，既重视学生的历史和现实表现，又注重视对学生各方面发展过程的科学分析，从而确定教育的重点和方向，调动起学生的主体能动性，使其进行积极的自我教育，发展成为一个德才兼备、合格的学生。同时，班主任还要掌握正确的策略和方法，即评价要具体，体现操作性；评价要分层，体现差异性；评价要灵活，体现多样性；评价要多鼓励，体现激励性，促其成功。

（一）实施立体式评价，注意评价体系的完整性

所谓立体式评价，就是全方位、多角度地评价学生，因此，班主任既要看到学生的在校表现，也要了解学生的在家表现，在社会中的表现；既要听其言，更要观其行；既要注意外在行为表现，也要分析内在思想动机；既要看到学生智力水平、学习成绩，也要看到德、智、体、美、劳等各方面的发展；既要注重对学生的定性分析，也要注重对学生的定量分析。只有从总体上全面把握各项评价指标，形成立体评价体系，才能比较科学地、全面地评价学生。

（二）实施发展性评价，注意评价导向的激励性

在评价过程中，要用发展的眼光对学生进行评价，既重视学生的历史和现实表现，又要重视对学生发展过程的科学分析，从而确定教育的重点和方向。发展性评价，有利于学生真正认识自己，了解自己，看到自己的个性特点，看到预定的目标和实现途径，看到自己每个阶段所取得的结果，从而调动起学生主体的能动性，进行积极的自我教育，发展成为一个品学兼优、德才兼备的人。

（三）实施个性化评价，注意评价对象的层次性

评价应突出学生的个性特征，做到因人而异，避免公式化地走过场。班主任要深入了解和剖析每一个学生的个性特征，作出恰当的评价。针对某些缺点，有针对性地加以指导，指出其不足和努力方向，提出发展方向的建议、计划和措施，使每个学生都能积极主动地发展。

（四）实施互动式评价，注意评价主体的双向性

在学生评价过程中，最有效的评价是学生的自我评价。学生的自我评价最能提升学生的自尊心、自信心，使其能自觉主动地接受班主任的评价。学生对自己的情况最了解，如果学生态度端正，评价目的明确，这种自我评价会有较高的准确性。此外，学生的自我评价还能增强学生自我评价意识和评价能力，有利于及时自我反馈和调节，经常进行自我教育。只有当学生能真正理解评价的意义，让学生真正成为评价的主体，正确认识自己，对自己能作出恰当的评价时，才能调动其主观能动性，才能起到激励学生奋发向上的教育作用。

第三节　班主任工作计划的制订与实施

一、制订班主任日常工作管理计划

在一个完整的班级管理中，计划、实行、检查和总结是四个基本环节。各个环节都是管理全过程不可缺少的，四个环节有序运行，就构成一个管理周期，并往复循环。各个班级千差万别，但这个管理过程却是共同的。因此，班级管理就是这四个环节的有机结合、有序运行和管理周期的循环运转、螺旋上升的过程。

班主任日常工作管理范围小、内容全；管理层次低、工作细；管理方法杂、难度高，这就决定了班主任工作必须讲究计划性。

（一）制订班主任日常工作管理计划的依据

第一，上级指示。教育方针、政策、法规，上级行政部门的管理目标和下达的任务、学校的总体管理工作计划。

第二，学校要求。学校工作计划为整个学校管理规定了明确的任务，对教育目的和当前形势作出了明确的论述，它是制订班主任工作计划的直接依据。

第三，班级实际情况。班级状况是工作计划的基础，管理计划的制订只有从班级实际情况出发，才能使班主任工作计划具有科学性、切实性和针对性。班级情况包括学生人员构成、学习情况、思想情况、体质状况、骨干状况、班级特点等。

（二）制订班主任日常工作管理计划要求

第一，要有明确的目的。

第二，保证对学生进行德、智、体、美、劳全面教育的有机统一。

第三，要注意计划的现实性和可行性。

第四，要注意计划的超前性，要有明确的远景规划。

第五，要注意班级工作灵活性。

（三）班主任日常工作管理计划的内容

第一，班级基本情况分析。学期计划是学期工作的总设计，是“母计划”。月、周计划是学期计划的具体执行方案，是“子计划”。“子计划”要根据“母计划”的精神要求编制，活动内容和执行办法要细、要具体，并且可以根据执行情况，做不违背总体精神要求的调整和变动。学期计划结构如下：

基本情况：主要包括学生的自然情况，如总人数、男女人数、少数民族、家长职业；班级现状，如学习成绩分类、思想品德现状、团结纪律状况等。不应仅是数字的罗列，应当做必要的简明分析，指出发生、发展的原因和趋势。有了正确的剖析，才能有正确的教育要求的提出。

基本任务：主要包括本学期对班级整体在德、智、体、美、劳诸方面实施哪些教育，达到哪些要求，以及对学习、思想、纪律等方面的不同类型的学生分别有哪些要求，达到什么目的。任务的提出一定要从班级实际出发，明确、具体，避免不易执行的空洞任务。

具体内容：主要写一学期要开展哪些活动，通过哪项活动，完成哪一任务，活动形式，怎样组织，时间安排等。内容要丰富，形式要多彩，既要考虑课内外各学科的结合，又要考虑教育的系列性，还要注意量力性、可能性。

第二，工作目标：总体、阶段、各层次具体目标。

第三，措施安排：教育活动、组织力量与分工、时间步骤。

第四，检查办法：按时检查、随时抽查；学生自查、老师监查。

（四）班主任日常工作管理计划的形式

班主任日常工作管理计划主要包括学期计划和月、周计划。

1. 学期计划

学期计划是指一个学期的工作安排。具体内容包括本学期班级管理需要达到的目标，预计开展活动的数量，对学生实施的教育影响。学期计划对月计划和周计划起到了管理的方向性作用。

2. 月计划

月计划是具体执行计划，活动内容、形式、分工、进行时间等都要具体、明确。在写法上最好用表格形式，简要、醒目。

月计划编制之后，要及时公布给班级学生，以便学生做充分的准备，创造性地执行计划。

3. 周计划

周计划是班主任根据学校本学期目标及计划，从学生的实际水平出发进行安排的具体活动方案。本计划的制订应具有可操作性。周计划制订后，要安排相关干部及学生完成好工作计划的内容。

二、班主任日常工作管理计划的实施

班主任日常工作管理计划制订后，需要班主任老师带领全班干部和学生进行落实，即按预设计划内容开展相应活动，使计划得到落实。通过计划的落实，完成对班级日常工作的管理。

（一）班主任日常工作管理计划的实施原则

第一，及时性原则。班主任在工作中，要及时完成预设的工作计划内容，以促进学生在实施计划的过程中健康成长。

第二，灵活性原则。计划是事先预设的，难免有不周到之处。班主任在落实计划过程中，需要灵活处理，调整计划中的不合理元素，完成好计划。

第三，实效性原则。坚持理论联系实际，从学生需求出发，从学生的问题出发，落实计划时，采用多种方法，使计划更具实效性。

（二）班主任日常工作管理计划的实施步骤

第一，认真制订科学合理的工作计划。根据班级及班级学生的特点，制订计划，使计划更趋科学合理。

第二，分析某一计划内容的特点，选择优势学生参与，落实工作计划。根据计划编制的内容，选择班级中具有相应方面优势的学生，组织好此类活动，带动大家共同参与，共同受益。

第三，调整计划中不合理的因素，发挥计划的最大教育作用。计划是预先编制的，难免有不当之处，执行计划时，需要对计划的不合理因素进行调整，以体现教育作用的最大化。

第四，利用各方面资源，进行资源整合，完成班主任工作计划。教育是集体的智慧，班主任一人很难完成。因此，在执行计划时，班主任要善于利用各方面资源，如任课老师、家长、社区等资源，完成工作计划。

第五，及时总结，发现问题。计划落实后，要马上总结，发现在执行计划的过程中存在的问题，避免在下一周期中重复发生。

第四节　班主任工作总结

班主任工作总结是班主任对工作实践进行反思的书面或报告形式的总结。写好班主任工作总结，对于教师积累育人经验、提高管理水平和教育成效具有重要意义。

一、班主任工作总结的内涵

总结是对过去一定时期的工作、学习或思想情况进行回顾、分析，并做出客观评价的书面材料。

班主任工作总结是对前一阶段工作或学习进行回顾、检查和分析研究，从中找出经验和教训，获得规律性的认识，以便指导今后实践的一种文书。班主任工作总结的特点包括评论性、过程性、实践性、概括性。

班主任工作总结按时间分有三个类型：年度总结、学期总结、活动总结。年度总结指针对一年的工作情况所作的总结，学期总结是指针对一学期的工作情况所作的总结，活动总结是指针对某一活动的情况所作的总结。

二、班主任工作总结的意义

班主任工作总结所要解决和回答的中心问题，是对某种工作实施结果的总鉴定和总结，是对以往工作实践的一种理性认识。

第一，班主任工作总结是做好班主任工作的重要环节。通过它，可以全面地、系统地了解以往的工作情况，可以正确认识以往工作中的优缺点，可以明确下一步工作的方向，少走弯路，少犯错误，提高工作效率。

第二，班主任工作总结是班主任认识班主任工作的重要手段，是由感性认识上升到理性认识的必经之路。通过总结，班主任可以将管理班级时所积累的零星的、肤浅的、表面的感性认识上升到全面的、系统的、本质的理性认识上来，找出班级工作和学生发展的规律，从而掌握并运用这些规律，提高班主任工作质量。

第三，班主任工作总结可提高班主任的写作水平。班主任在写工作总结时，须勤于思索，善于概括，这样可以提高班主任的理论水平，实现实践经验的理论升华。同时，在进行总结时，班主任要经常对工作的失误有充分的认识，勇于承认错误，并用理论对其错误进行归因，从而间接提高班主任的写作水平。

总之，写好班主任工作总结是非常重要的，但也有一定的难度。难度主要表现在两方面：一是总（过去的工作）；二是结（工作的经验、教训、规律）。要正确处理好两者关系，总是结的依据，结是总的概括。

三、班主任工作总结的结构

班主任工作总结一般由标题、正文和尾部三部分组成。

（一）标题

班主任工作总结的标题大体上有两类构成形式：一类是公文式标题，一类是非公文式标题。公文式标题由单位名称、时间、事由、文种组成，如《××学校 2021—2022 学年度工作总结》等。非公文式标题则比较灵活，有的为双行标题，如《增强体质，全面贯彻执行教育方针——开展多种形式的体育活动》，有的为单行标题，如《推动课程改革，培养高素质人才》等。

（二）正文

班主任工作总结正文的结构由前言、主体、结尾组成。

1. 前言

前言即正文的开头，一般简明扼要地概述基本情况，交代背景，点明主旨或说明成绩，为主体内容的展开做必要的铺垫。例如，“学生学不学，关键在班风；干部强不强，关键在班长”。

2. 主体

主体是总结的核心部分，其内容包括做法和体会、成绩和问题、经验和教训等。这一部分要求在全面回顾工作情况的基础上，深刻、透彻地分析取得成绩的原因、条件、做法，以及存在问题的根源和教训，揭示工作中带有规律性的东西。回顾要全面，分析要透彻。不同类型的总结，内容要有所侧重。全面性总结其主体包括两个层次，即成绩和经验、存在的问题和教训。对于一般的工作总结，重点放在成绩和经验上。

3. 结尾

班主任工作总结的结尾可以概述全文，可以说明好经验带来的效果，可以提出今后努力方向或改进意见。

（三）尾部

包括署名和时间两项内容。如果标题中已有署名，这里可不再写。

四、撰写班主任工作总结应注意的问题

（一）要有实事求是的态度

工作总结中，常常出现两种倾向：一种是好大喜功，搞浮夸，只讲成绩，不谈问题；另一种是将总结写成了“检讨书”，把工作说得一无是处。这两种都不是实事求是的态度。班主任工作总结要如实地、一分为二地分析评价自己的工作，对成绩，不要夸大；对问题，不要轻描淡写。

（二）班主任工作总结要写得有理论价值

一方面，要抓主要矛盾，无论谈成绩或谈问题，都不要面面俱到；另一方面，对主要矛盾要进行深入细致的分析，谈成绩要写清怎么做的，为什么这样做，效果如何，经验是什么；谈问题，要写清是什么问题，为什么会出现这种问题，其性质是什么，教训是什么。这样的总结，才能对前一段的工作有所反思，并由感性认识上升到理性认识。

（三）班主任工作总结要从本班的角度来撰写

表达方式以叙述、议论为主，说明为辅，可以夹叙夹议。

（四）班主任工作总结语言要规范

工作总结应尽量使用通俗的语言，可以有专业术语，但一定要把每一个要点写清楚，写明白。

第五章　班级活动管理

班级活动是学生认识客观世界、认识他人和自我、适应学校生活与社会生活的重要途径，也是建设良好班集体的重要组成部分。班级的努力目标要靠班级每个成员参与共同的活动而实现。班集体的形成，需要通过一系列教育活动；而班级活动的有效开展，可以促使班级目标实现。班主任工作的主要途径就是根据班级活动的特点，为学生提供学习、创新的氛围和一定的空间，鼓励和引导学生在各项班级活动中思索、探求和创造，从而培养学生的创新精神和实践能力。

第一节　班级活动概述

一、班级活动的含义

班级活动是指在班主任的组织和领导下，为实现教育方针和培养目标，完成学校的教育工作计划，组织班集体全体成员参加的一系列活动。它包括德育活动、课外教育活动、社会实践活动等。它是班主任向学生进行思想、政治、道德、心理教育的基本形式，是通过学生集体教育和影响学生个体的较为普遍采用的教育形式，也是学生个体进行自我教育行之有效的方式。在这个意义上说，班级是学校实施教育教学的基本单位，整个学校教育功能的发挥主要是在班级活动中实现的。

班级是学生发展成为社会人的重要场所。个体要生存发展，必须首先适应社会，实现个体的社会化。一个良好的班级，作为一个小社会，对学生个体社会化起着重要的促进作用。良好的班级生活，丰富多彩的班级活动，会促进学生个体不同能力、不同兴趣爱好的发展；同时，各种形式的人际交往能够促进学生自我意识的发展和健康个性品质的形成，从而形成个体的独特个性。因此，除了教学计划中规定的思想政治课外，班主任要尽可能多地组织一些班级活动，对学生进行生动、形象、具体的教育。班级活动要不拘形式，活动规模可大可小，内容丰富多彩，并且紧贴学生生活实际，从学生个性发展的实际需要出发。

二、班级活动的类型

（一）思想教育类主题活动

思想教育类主题活动的目的在于通过教育性活动，帮助学生形成科学的世界观、人生观和价值观、坚定的政治立场、深厚的爱国主义情怀、健康的心理和高尚的道德情操。具体可以包括以下几种：

第一，价值观教育。通过活动让学生逐步掌握辩证唯物主义和历史唯物主义，形成科学的世界观、人生观和价值观。

第二，政治立场教育。通过活动使学生了解中华民族的革命历史，尤其是近现代革命史，促使学生坚持社会主义道路，坚持中国共产党的领导，形成鲜明的政治态度和政治立场。

第三，理想信念教育。通过活动让学生坚定社会主义理想和共产主义信念，对自身发展充满期待和愿望，从而形成自我发展的内在动力。

第四，爱国主义教育。通过活动让学生了解我国的悠久历史、壮美山河、灿烂文化、众多的民族以及当前的国情，激发学生的爱国热情和民族自豪感。

第五，集体主义教育。通过活动使学生正确认识集体的作用，产生对集体的认同感和归属感，正确处理个人和集体之间的关系。

第六，道德品质教育。通过活动引导学生逐步掌握社会道德规范，履行道德义务，形成高尚的道德品质。

第七，心理健康教育。通过活动使学生形成健康的心态、稳定的情绪、正常的交往、完整的人格。

（二）学习指导类主题活动

学习指导类主题活动的目的在于通过教育性活动，激发学生的学习兴趣，提高学习效率。具体包括以下几个方面：

第一，兴趣的激发。通过活动使学生认识到学习的结果，即掌握知识、发展智力的重要意义以及它们对自己未来发展的价值，最为重要的是要让学生体验到学习过程的快乐，这样就能从内心激发兴趣，增强学习动力。

第二，效率的提高。通过活动使学生放松心情，掌握学习技巧，交流学匀经验，加强学习合作，享受学习快乐，从而整体提高学习效率。

第三，自惑的解决。通过活动来解决学生心中的困惑，尤其是专业发展中困扰学生的带有共性的问题，当然也有学生个人的生理、心理上的困惑，如家庭变故带来的不良影响等。

第四，发展的指导。学生的学习一般都带有功利性目的，这并不是一件坏事。关键是帮助学生对目的进行有效的引导，使他们的学习目的与社会的要求同向。可以根据学生的个人情况，帮助他们做一些人生规划，以指导他们更为有目的地学习和发展。

（三）知识拓展类主题活动

知识拓展类主题活动的目的在于通过教育性活动，开拓学生视野，增加学生知识，开发学生的智力。具体包括以下几种：

第一，体验生活。通过活动使学生积累更多的生活经验，然后才能将课本知识与生活经验相结合，从而达到更好的发展目的。当然，体验生活的另一种形式就是将书本知识运用于实践，从而更好地理解和掌握知识。

第二，延伸课堂。很多学生需要掌握的知识在课堂上是没有的，这就需要班主任有效地组织活动，让学生从活动中学习课堂上学不到的知识和技能。当然，延伸课堂的另一个层面就是在活动中发现问题，然后再回到专业课中寻找答案。

（四）生活指导类主题活动

生活指导类主题活动的目的在于通过举办教育类活动，使学生熟悉生存技能，学会生活，学会共处等。具体包括以下几种：

第一，生存技能。生存是人的一种本能，但只有本能是不够的，还需要班主任通过活动来教给学生一些知识与技能，让他们懂得尊重生命、敬畏生命、珍惜生命和保护生命。尤其是要教给他们在遇到各种危险时如何保护自己免受伤害，如何力所能及地帮助遇到危险的人脱离危险等。

第二，生活技能。学生的生活技能很大程度上是由家庭教育完成的，但在学生生活技能的形成中，学校绝不能做一个旁观者，教育学生学会生活应该是学校尤其是班主任的重要职责。班主任有责任、有义务通过举行各种学生喜闻乐见的活动，帮助学生培养生活的技能。

第三，交往技能。学会交往是学生生活引导的重要内容，由于学生很多都是独生子女，他们在家庭中缺少交往学习的必要条件，在以集体生活为主导形式的班级生活中，学习交往技能就成为最理想的场所了。要引导学生进行正确交往，除了课堂学习、生活指导外，还应有意识地举办一些活动，来加强学生交往的学习，以帮助他们能更好地处理个人与集体、个人与他人、自己与自己的关系，将来更好地融入社会。

（五）审美怡情类主题活动

审美怡情类主题活动的目的在于通过举办活动，调节学生紧张的学习气氛，培养学生的审美情趣，陶冶性情等。具体包括：

第一，音乐类。通过音乐欣赏、歌曲演唱、乐器演奏等活动让学生感受韵律美、节奏美，从而提高自己的音乐素养，提高对音乐的欣赏和享受水平，陶冶自己的情操。

第二，色彩类。通过观看自然美景，欣赏绘画作品，学习绘画技能等活动，提高学生对色彩的感悟能力和水平。

第三，造型类。通过欣赏山川河流等自然美景，通过动手制作雕塑、剪纸、实物造型，通过学生的舞蹈、体操等多种活动，培养学生对形体的感知、理解和欣赏水平。

第二节　组织开展课外活动

一、课外活动的内涵

“课外活动是指在教学计划和教学大纲范围之外，利用课余时间，有目的、有计划、有组织地对学生进行的多种多样的教育活动。”广义的课外活动，主要包括由学校组织的各种课外活动、学校的团队活动以及与学校教育密切配合的校外教育活动、家庭教育活动等。狭义的课外活动，则主要是指学校组织的各种课外活动。这里所使用的概念是狭义的，因为校外教育活动是社会教育学研究的范畴，家庭教育活动是家庭教育学研究的范畴，都不是学校教育学研究的对象。

课外活动与课堂教学是两个既有区别又有联系的概念。两者的区别在于课外活动是在教学计划、教学大纲范围以外进行的教育活动，课堂教学则是在教学计划、教学大纲范围内进行的教育活动；课外活动是根据学生的兴趣、爱好而自愿选择和自觉参加的各种活动，课堂教学则是学生按课程表学习，带有强制性；课外活动以学生为主体，教师处于指导和辅导的地位，课堂教学中教师则起主导作用，而学生既是教育的客体又是学习的主体。两者的联系在于它们都是为了实现共同的教育目的，都是有目的、有计划、有组织的施教活动，在全面发展教育中都起着不可忽视的重要作用。

课外活动与课外辅导也是两个不同的概念。两者的区别是课外活动是在教学计划、教学大纲范围以外进行的活动，而课外辅导则主要是在教学计划、教学大纲以内进行的活动。两者的联系是它们都是课堂教学的重要补充，都是以集体、小组和个人为主要活动形式，都能更好地促进学生的全面发展。

二、课外活动的意义

课外活动是整个教育系统工程的一部分，是培养学生全面发展的重要途径，对教育的发展，具有不可忽视的重要意义。这正如教育家苏霍姆林斯基所说：“只有当孩子每天按自己的愿望随意使用5～7小时的空余时间，才有可能培养出聪明的、全面发展的人来。离开这一点去谈论全面发展，谈论培养素质、爱好和天赋才能，只不过是一些空话而已。”

（一）有利于学生正确的人生观和世界观形成

人生观和世界观是一个人关于自然、社会以及人生的观点体系，是人们认识事物和支配行为的最高调节者。大学生虽然有了对事物的认识和分析能力，但毕竟还很肤浅，甚至片面化，极易动摇。他们既容易受真、善、美的感染，也可能受假、恶、丑的诱惑。通过课外活动引导学生有选择地了解社会，剖析人生，可以开阔学生的政治视野，抵制精神污染，从而形成正确的世界观和人生观。正如钟启泉教授所说，“最具转折意义的追求和观念之一，就是明确反对传统的以知识为中心的教学，将学生情感体验的获得与态度价值观的养成，特别是社会责任感的培养提高到最高目标的层面”。

（二）有利于发展学生的特长，为以后择业奠定基础

蔡元培说过：“在学校不能单靠教科书和教习。讲堂功课固然要紧；自动自习，随时注意自己发现求学的门径和学问的兴趣，更为紧要。”课外活动为具有不同爱好和特长的学生提供了发展的广阔天地。学生可以根据自己的兴趣和爱好选择和阅读自己感兴趣的书，参加适合自己发展的活动。因此，活动起来兴致盎然，积极性高，娱乐性也好，常常可以乐在其中。另外，还可以有所发现，有所惊喜，从而使兴趣得到一次次强化，一次次升华，使自己的特长在淋漓尽致地发挥中不断长进，最后成为专门人才。这对日后的择业必然产生积极影响。北京市少年宫曾追踪调查了参加过该少年宫兴趣小组的部分人员，发现有 67％的人目前所从事的职业都与当年各自参加的兴趣小组所属学科相同或相近。

（三）有利于开发学生的智力，培养学生的能力

教育家苏霍姆林斯基对现代学校教学体系曾做过这样的批判：“现代学校的整个教学体系有着非常严重的缺点：没有足够的智力的训练，也就是说，没有进行足够的专门的工作来发展学生的能力。”“自由时间是丰富学生智力生活的首要条件。我们要使学生的生活中不单单只有学习，还要使学习富有成效，那就需要给学生自由时间。”单一的课堂教学造就的只是知识型的学生，通过课外活动，学生可以把所学知识与实际活动联系起来。在巩固所学知识的同时，又接触了大量的信息，拓宽了知识领域。学生在新事物面前要观察，要思索，要解决问题，要动手操作。因而，整个活动过程就是开发学生智力、培养学生能力的过程。

（四）有利于锻炼学生的体魄，维护身体健康

课外活动的开展，不仅极大地丰富了校园生活，减轻了学生的作业负担，保证了学生的休息和娱乐，而且通过体育、郊游等活动，还能使学生的体魄得到直接锻炼，并使他们掌握运动的技能技巧。目前，我国大部分学校学生的体能堪忧，这与学生的课业负担重，课余活动少有着直接关系。

（五）有利于学生审美素养的提高和完满个性的形成

在课外活动中，学生通过各种文艺小组活动、参观游览活动，或欣赏、或演出，从社会、自然和艺术作品中吸取美的营养。这对学生感受美、欣赏美、表现美、创造美的能力的提高是大有裨益的。学生受到美的熏陶，塑造美的心灵，形成了完满的个性。教育家苏霍姆林斯基就特别主张：“拥有完全可以自由支配的时间，是个性发展的一个重要条件。孩子的素质和天资只有当他每天都有时间从事自行选择的喜爱的劳动时才能得到发挥。因此，我们认为给学生提供空余时间就是在创造宝贵财富。”

三、课外活动的特点

（一）自主性

课堂教学的形式、内容、地点以及教师基本上都是既定的。这些对于学生来说具有统一性和强制性。无论是否心甘情愿，所有学生都必须按时出勤课堂、遵守课堂纪律并完成课堂学习活动。而组织课外活动，学生是否参加，完全是出自学生自己的自主选择。这不仅充分照顾了学生的个别差异，有利于因材施致，而且充分体现了学生在活动中的主体地位。由于学生参加活动是出于自愿，因而在活动中往往表现出很高的热情，充分地展示自己的智慧和才能。

（二）灵活性

课外活动由于不像课堂教学那样受教学大纲的制约，因此，在时间安排、内容取舍、程度深浅诸方面具有较大的灵活性。学生参加活动可根据自己的水平选择内容，规定标准，自由发展。

（三）实践性

课外活动顾名思义重在活动，其直接方式就是让学生参加实践活动，在活动中获得直接经验或验证间接经验，当然也可能有所发现而获得理论升华。学生在活动中要自己动手创造条件，设计程序，从事活动，检验效果。他们不仅在活动中享受乐趣，更在活动中有所收获。

四、课外活动的内容和组织形式

（一）课外活动的内容

课外活动的内容是十分广泛的，大致可以归纳为以下几类：

第一，社会活动。这是以培养学生正确的社会意识、丰富学生的社会阅历为目的的活动。，如重大节日的政治报告、社会调查、访问座谈、参观游览等，都属于这类活动。这类活动可以使学生走向“天地大课堂”，接触社会，接触自然，了解人生，从而培养学生的社会责任感和社会适应能力。

第二，科技活动。这是以培养学生爱科学、学科学、用科学，以适应科学技术发展的需要，树立科教兴国的观念为目的的活动。这类活动可根据学科教学的内容去安排，如和教学内容相关的实验和制作、气象观测、地理考察等。也可根据学生情况组织活动，如发明创造、种植饲养活动等。这类活动可以激发学生的科学兴趣，扩大知识领域，培养动手能力，启迪智慧，展示才能。

第三，文学艺术活动。这是以丰富学生的精神生活，满足学生的精神需求，培养学生的审美意识和高尚情操为目的的活动，如文学欣赏、文艺演出、书法绘画等。组织这类活动可以使学生受到美好事物的陶冶，领略美的神韵，从而提高审美素质。

第四，体育活动。这是以增强学生体质，促进正常发育，培养坚强意志和勇敢精神为目的的活动。如体操、武术、游泳、爬山等。通过这类活动，可以使学生的体能得到多方面的锻炼，培养体育才能。

第五，公益劳动。这是以培养学生的劳动观点、劳动能力以及热爱劳动和劳动人民的思想感情为目的的活动，如清扫环境、绿化美化校园、参加工农业生产等。通过这类活动，可以有效地消除学生尤其是独生子女的骄气和娇气，树立良好的劳动观念，理解劳动者的伟大和劳动过程的艰辛。

（二）课外活动的组织形式

课外活动的组织形式是丰富多彩的，一般可分为以下三种：

第一，群众性活动。这是较为常见的一种形式。参加活动的可以是一个班、几个班乃至整个学校，还可以是几个学校的全体学生。由于参加的人较多，可以在同一时间内使所有的学生接受教育。群众性活动的具体形式有以下几种：集会，为了向学生进行时事政治教育、规范教育、科普教育，经常采用这种方式；庆祝活动，重大节日的庆祝活动往往是群体性的。这类活动总要有一个筹备过程，应该把筹备过程当作教育过程组织学生参加；文娱活动，这类活动除了与节日庆祝一起进行外，还有寓知识学习于娱乐活动的学科知识晚会等；竞赛活动，这类活动的内容很广，如歌咏比赛、演讲比赛、知识竞赛、智力竞赛、体育、书画竞赛等。这类活动充满竞争性，能满足学生的好胜心和荣誉感；参观、访问、旅游活动以及社会公益劳动，也都是群众性的组织形式。

第二，小组活动。小组活动是课外活动的基本组织形式。活动小组由于是在相同兴趣的基础上建立起来的，所以有利于因材施教，发挥学生的特长。同时，小组活动有利于学生自理、自治和自主能力的培养提高。小组成员的人数可依据活动性质而定。学科小组和科技小组的人数不宜过多，文艺和体育小组的人数可适当多一些。一般一个小组人数最少不低于3人，最多不超过20人。小组要建立规章制度和制定纪律，还要聘请专门的辅导人员。活动小组的种类很多，如学科小组、摄影小组、体育小组、社团小组等。班主任不一定都是通才，也没有精力辅导每个小组的活动。但班主任应该在发现学生天赋的基础上，指导和帮助学生建立相应的小组，并选定小组的辅导人员，帮助学生及时解决活动中的困难。

第三，个人活动。个人活动是指学生在班主任的指导下，进行独立工作的课外活动方式。它可以由小组分配任务，个人单独完成；也可以根据个人的兴趣、才能，有组织、有指导地进行独立阅读书籍，写读书心得，学习各种艺术，练习某种乐器的演奏等，使学生的个人生活丰富多彩，并陶冶自己，练习安排生活，扩大或加深自己的知识，提高自觉能力和体育锻炼能力，养成读书习惯等。同时这些活动有助于培养和锻炼学生独立工作、独立学习、独立研究的能力，这对他们以后走向社会具有重大意义。

五、组织和指导课外活动的要求

（一）对课外活动要给以足够的重视

当前我国不少学校的课余生活是单调枯燥的，学生课业负担过重的现象普遍存在，以至于导致学生厌学或者“高分低能”，这是极不正常的现象。实践证明，学生成才的途径有两条：一是课堂教学，二是课外活动，两者相辅相成，不可偏废。前苏联教育家苏霍姆林斯基曾经提出，“要在课堂教学之余为学生的发展建立智力生活基地”，即组织各种各样的课外活动小组。目前，我国不少学校学生的素质发展不是全面发展，而是畸形发展；不是得到发掘，而是受到压制。班主任只有充分认识到开展课外活动的深远意义才有可能积极地组织指导学生开展丰富多彩的活动。

（二）要把课外活动纳入教育计划

班主任是学校教育中最直接的施教者，应该有目的地把学生课余的主要精力引导到各种健康有益的课外活动中，使他们的课余生活丰富充实，富于情趣。这就要求班主任对活动的安排不能随意，而要对某学期、学年的活动总体上进行精心考虑。从难易顺序，到各项活动的时间、地点、辅导员、活动结果的考核等，都要着意安排，且不可抱着“车到山前必有路”的态度仓促准备。

（三）要充分尊重学生的意愿，不搞强制

课外活动的自主性决定了学生的自觉自愿，这是搞好活动的精神基础。有了这个基础，学生的主体地位才能体现在活动的全部过程中，活动也才能真正起到作用。如果班主任强制学生参加活动，学生就可能对活动产生心理上的厌烦，最终导致活动表面化。当然，尊重学生的意愿并不意味着班主任对学生的选择完全放任。学生对活动自主选择的准确性是以正确认识自己为前提的。班主任要帮助学生发现自己的优势，激发他们的活动动机，帮助他们做出切合个人实际的选择。

（四）要及时了解活动的情况，但不可管得过细

活动的主人是学生，这并不意味着班主任只是旁观者，可以对学生放任自流。尽管学生在活动中可以表现出惊人的创造力，但他们的能力毕竟有限。班主任要经常了解学生活动的情况，恰如其分地予以指导和点拨。但切不可管得过细，怕学生这也干不好，那也做不成，这样只能束缚学生的手脚。学生活动的水平在班主任看来也许滑稽可笑，但对年轻的大学生而言却可能是莫大的成功。

（五）要处理好课外活动与课堂教学的关系

班主任要清醒地认识到两者是促进学生发展的两条途径，任务各不相同，功能虽然互相渗透，却不能互相代替。所以，绝不能把课外活动当作课堂教学的继续和延伸，利用课外活动的时间给学生加班加点补习功课、布置作业，这都是错误的。因此，班主任有责任协调与任课教师的关系，让他们把活动的时间还给学生。当然，学校还是以教学为主，课外活动应处于辅助地位，所以不可组织得过多、过滥，以免冲淡教学。

（六）要从实际出发，因时、因地、因人制宜

我国幅员辽阔，各地的发展很不平衡，条件差别很大。发达的沿海地区与内地的学校，大城市与小城市的学校各方面的条件都很悬殊。即便是同一地区的学校，条件也决非

毫无二致，同一学校不同班级又有不同班级的情况，同一个班级，学生的情况又千差万别。所以，组织指导课外活动没有统一的定式，班主任切不可盲目攀比，生搬硬套。其他地区适应的活动，本地区可能没有条件；一部分学生乐此不疲的活动，另一部分学生则可能毫无兴趣。因此，组织活动不要强求一律，要从地区、学校、学生的实际情况出发，或难或易，或繁或简，量力而行。

第三节　组织开展主题班会

主题班会在大学生思想政治教育中具有极其重要的地位，是高校班主任开展大学生思想政治教育的基本手段。

一、主题班会的内涵

主题班会往往是班主任围绕某一主题对全班进行集体教育和管理的综合课程，其形式有讲故事、唱歌、舞蹈、相声、小品等。一些班主任在撰写主题班会活动方案时，仅仅是基于主题班会属于课程的理解。高校主题班会在内容上覆盖面较为广泛，一般将入学教育、学习教育、安全法纪教育、心理健康教育、人际交往指导、诚信教育、自立自强教育、团队精神教育、道德教育、情感教育、文化素养教育等都纳入其中。因此，主题班会是在班主任的指导下，以班级为单位，由学生围绕特定主题所开展的有目的、有计划、有组织的思想政治教育活动。

第一，主题班会以班主任为指导。班主任是主题班会的设计者和策划者，学生在校几年期间的主题班会，既要体现学校和专业特色，又要体现班级风貌和学生群体特征，这些都需要班主任的精心指导。班主任的指导使得主题班会能够坚持正确的方向，保证思想政治教育的目标得以实现。

第二，主题班会以班级为单位。主题班会是全班同学共同参与的活动，它有别于班主任同学生的个别谈话。两者虽然都是思想政治教育活动，但效果不同。前者面向全体学生，讨论普遍性问题，具有受众面广泛的特点，能够充分调动学生群体的积极性，形成正确的班集体舆论氛围，发挥环境育人的功效。

第三，主题班会有鲜明突出的主题。主题是班会的灵魂，任何一堂取得成功的主题班会都会有鲜明突出的主题。班主任一般要围绕当前形势、学生普遍存在的思想问题或困惑选择主题，通过师生间的积极探讨以达到分析问题、解决问题的目的，针对性较强。

第四，主题班会是一种思想政治教育活动。思想政治教育是教育工作者根据大学生思想品德形成发展的规律，用一定的思想观念、政治观点、道德规范对大学生进行有目的、有计划、有组织的影响，以使他们形成社会所需要的思想品德的实践活动。在主题班会中，学生在班主任有意识的引导下，围绕一定主题，通过交流和分享，以自身体验来诠释主题的意义，提高自己的思想政治素质，并逐渐将这些素质外化为自己的日常行为。

二、主题班会的特征

主题班会与思想政治理论课教学、党团活动、社会实践等传统的思想政治教育手段相比，具有自身独有的特征。

（一）主题的灵活性

由于教材编写在时间上的滞后性，思想政治理论教学在选择时代感强的主题方面显得不够灵活。党团活动、社会实践一般也是按照事先拟定的主题，在既定的时间内对学生开展思想政治教育活动。由于这些活动常常会受到活动场地、时间、人员、经费的影响，所以在确定主题方面也会受到一些限制。主题班会在主题的灵活性方面弥补了前面几种思想政治教育手段的不足。无论是国家大事还是班级小事，班主任都可以灵活地选择主题。通过组织召开主题班会，向全班同学传达最新的时事信息，掌握他们的思想动态，从而有效地开展思想政治教育。

（二）形式的多样性

传统的思想政治理论课教学，一般以理论灌输为主，教学手段单一，学生难以产生兴趣，这是造成高校思想政治理论课教学实效性不强的一个重要原因。党团活动、社会实践一般都是以活动方式来开展思想政治教育的。在实际活动过程中，学生在参与活动时大都兴高采烈，但在参与活动后往往缺少一些理性的反思，思想政治教育的效果并不明显。主题班会在教学手段上综合了思想政治理论课教学、党团活动、社会实践等教育手段的优势。在主题班会的开展过程中，既可以有班主任的理论案例分析，也可以有学生的唱歌、跳舞、相声、小品等表演活动，其多样性是思想政治理论课教学、党团活动、社会实践所无法比拟的。主题班会形式的多样性切合了当代大学生的身心发展需求，是其广受学生欢迎的重要原因。

（三）内容的针对性

在同一所高校里，思想政治理论课的课程设计都是相同的，且主要是在低年级开课，教育内容对于所有学生都是相同的。它没有根据各年级学生的知识结构和专业特点来设计不同的教学内容，缺少针对性。党团活动、社会实践一般也是按照学校的整体思想政治工作部署，在规定的时间内开展的，而且很多活动都是一年一度的传统活动。学生在大一、大二参加时可能还兴致勃勃，但到了大三、大四时就已经兴味索然了。主题班会则与上述这些教育手段不同，它根据大学生身心发展的规律，从大一到大四会有不同的关注重点，如在大一会以入学教育、团队精神教育、自立自强教育为主，大二会以安全法纪教育、心理健康教育、人际交往指导为主，大三会以专业课的学习方法指导为主，大四阶段毕业生求职是压倒一切的重头戏，班会重点又会转移到指导学生求职应聘上来。这些内容适应了不同年级学生的身心发展需求，体现出了明显的针对性。

（四）情境的互动性

传统的思想政治理论课教学，由于受到固定内容和有限课堂时间的限制，一般都是教师在讲台上面讲，学生在讲台下面听，他们实际上还是处在被动接受的地位，所以师生间很难形成真正意义上的互动。而主题班会一般面向全体学生，紧扣普遍性问题，注重理论联系实际，容易引起学生的兴趣，产生互动。学生来自不同的地区，拥有不同的家庭背景、学习方式和生活习惯，面对相同的问题，他们往往会存在不同的看法。在班主任有意识的引导下，他们相互间会以平等主体的身份进行互动交流。他们都有表达自己和了解别人的欲望，所以在互动过程中表现得较为积极。通过这种互动，他们可以充分表达自己的观点，有更多的机会了解他人，从而学会关心和信任他人。

三、主题班会的意义

（一）主题班会体现了师生平等的理念

如果说传统的思想政治教育可以称为主体性思想政治教育的话，那么强调师生平等和互动交流的思想政治教育可以称为主体间性思想政治教育。在主体间性思想政治教育中，班主任与学生都是思想政治教育的主体，二者平等交流，相互影响，共同提高。主体间性思想政治教育具备三个方面的特征：一是教育者与受教育者之间是共在的主体间的存在关系，二是教育者与受教育者是共在的主体间的活动，三是教育者与受教育者之间是相互理解的。主题班会很好地体现了主体间性思想政治教育的理念，它既不是单方面的以辅导为中心，也不是单纯地以学生为中心，而是班主任主体与学生主体之间的双向互动。他们在班会中通过这种平等互动而不断推进彼此的发展，最终达到共同提高的目的。

（二）主题班会增强了思想政治教育的吸引力

主题班会具有生动活泼的表现形式，常见的有讲故事、唱歌、舞蹈、相声、小品等。这些丰富多彩的表现形式适应了大学生身心发展的需求，能使他们受到情感上的激励与艺术上的熏陶，因而深受他们欢迎。班主任在设计主题班会时，应注意寓教于乐。如对社会公德这个主题，小学时班会会讲，中学时开班会会讲，大学时开班会还会讲。如班主任这时还采用说教的方式，不但达不到教育的效果，反而可能会引起学生的反感。在这种情况下，班主任可利用主题班会形式活泼娱乐性强的特点，设计符合大学生身心发展需求的小品。积极鼓励学生参与小品表演，让他们在表演过程中领悟到什么是遵守社会公德的行为，什么是违背社会公德的行为，从而在平时的校园生活中自觉地做到遵守社会公德，告别不文明行为。

（三）主题班会充实了思想政治教育的内容

主题班会一般从大学生的现实生活中取材，内容上涵盖了入学教育、学习教育、安全法纪教育等方面。这些内容使得班主任能够针对不同阶段的大学生，选择不同的教育内容，运用不同的教育方法，对学生进行个性化辅导，使得学生能够从体验式的班会活动过程中领悟思想政治教育的内容，拓展其生活空间，帮助其更好地适应日常生活，理解周围世界并促进他们有条理地思考、有效地表达和交流，运用理性的思维方法洞察现实社会，解决日常生活中的问题，进而形成勇于探索、勇于创新的科学精神。

（四）主题班会优化了思想政治教育的环境

马克思曾说："人创造环境，同样环境也创造人。"人作为思想政治教育的对象，正是教育与环境双重作用的产物。思想政治教育环境就是指"影响人的思想品德形成和发展、影响思想政治教育活动运行的一切外部因素的总和"。主题班会氛围轻松活泼，能够调动全班同学参与活动，这有助于形成良好的思想政治教育环境。学生在这种环境中会无形地受到熏陶和感染，从而提高自身的思想政治素质。

（五）主题班会提高了班主任队伍的整体工作水平

班主任是大学生日常思想政治教育和管理工作的组织者、实施者和指导者。他们既要协调授课教师、学生干部等从不同的角度开展日常思想政治教育和管理工作，也要围绕学生学习、生活中的实际问题开展日常思想政治教育，具体落实学校党委部署的各项思想政治教育工作。这些都对班主任提出了很高的要求，要求他们必须具备良好的语言表达能力、人际沟通能力、组织管理能力以及文书写作能力等，成为大学生思想政治教育的专门人才。主题班会为班主任锻炼和提高这些能力提供了很好的平台。通过召开主题班会，班主任学会了如何根据学生的特点选择主题，如何根据主题选择形式，如何组织并调动全班学生参与的积极性，让学生在接受思想政治教育的过程中自身也获得了美感，体验到了快乐，享受到了愉悦。在这一过程中，班主任的语言表达能力、人际沟通能力、组织管理能力、文书写作能力都会得到很好的锻炼和提高，从而提高高职班主任队伍的整体工作水平。

四、主题班会的种类

（一）模拟扮演式主题班会

很多研究表明，教育的效果不是取决于班主任所讲的内容，而是学生从中获得的体验，要想让学生接受班主任的要求，培养学生良好的行为习惯，就必须使学生有着深刻的体验，而让学生在不同的环境下扮演不同的角色恰恰是增强学生内在体验的有效手段。因此，班主任可以根据主题选择需要学生扮演的角色，定期召开模拟扮演式主题班会。

（二）咨询答疑式主题班会

大学生大多处在青春成熟期，生理和心理的发展变化比较快，容易出现心理问题，带来很多的困惑，有研究表明，大学时期是人的一生中心理问题和心理困惑最多的时期。这就要求班主任必须关注学生的心理问题，针对常见心理问题设计召开一些主题班会，帮助学生解决这些问题，以促进他们的健康成长。根据大学生的这种现状，可以组织以咨询答疑为主要形式的主题班会，班主任可以事先调查确定学生最关注和最期望解决的问题作为咨询答疑的主题，聘请科任教师、学生代表、资深领导或心理专家作为为学生答疑的人选，学生就选定的主题提出问题，答疑人根据自身的经验和掌握的理论进行解答，帮助学生排除一些心理上的困惑和烦恼。

（三）专题报告式主题班会

学校教育具有一定的规划和专题，而这些教育大多要通过班级加以落实。在这种情况下，班主任可以根据学校的教育专题以主题报告的方式召开主题班会。这种班会的特点是围绕确定的主题聘请有较强的示范性和权威性的人做报告，专题报告式主题班会的主题大多比较明确、比较集中，主讲人员较为固定，具有明显的教育和导向作用，容易取得较好的教育效果。但是在组织这类主题班会时，班主任要了解和把握学生的思想脉搏，选择学生最关心的问题和渴望解决的困惑；还要选择合适的主讲人，因为这类主题班会的效果在很大程度上取决于主讲人的权威性和影响力，是借助于个人的影响力达到既定的教育目的。

（四）节日纪念式主题班会

每个学期都会遇到一些值得纪念的具有教育意义的节日，大多数节日都有明确的主题，教育内容丰富，是对学生进行传统教育的好时机，因此，可以根据节日的特点举行一些纪念式的主题班会，以增强教育的效果，如选择建党节、建军节、国庆等节日召开爱国主义教育主题班会等。

（五）现场体验式主题班会

现场体验或现身说法往往更有利于加深学生的体验，增强教育的效果，对此，可以针对学生喜欢参与各种活动，喜欢走出去的特点，充分利用现场的有利条件开展以现场内容为主题的班会。如针对不少学生不遵守交通规则的现象，就利用交警大队组织的交通事故案例展览，现场组织“我看交通规则”的主题班会，先组织学生观察交通事故案例，然后引导学生就近观察十字路口的交通情况，统计违反交通规则的人数，记录违反交通规则的类型，组织学生讨论分析并分享各自的体会，从而加深学生对遵守交通规则重要性的认识，可取得较好的教育效果。

（六）经验交流式主题班会

学生在校期间的主要任务是学习，学生的成败与否在很大程度上也是看学生的学业成绩优劣，素质教育要求面向每个学生，学生学习成绩的提高和能力的培养，离不开好的学习方法。而学习方法和思维方法的掌握，除了靠学生自己的摸索和实践，也离不开教师的指导和训练。鉴于这一点，可以利用主题班会有计划、有步骤地安排学习方法专题讲座或咨询，召开学习经验交流会，让各科科代表或成绩优秀生介绍自己的学习方法，这样，通过对其他同学学习方法的借鉴，大部分同学可逐渐找到适合自己特点的学习方法，不少学生的学习成绩也会有提高。

（七）成果汇报式主题班会

教育不仅是为了让学生获得知识，还要注重培养学生的能力，这就需要引导学生积极走向社会，走向更为广阔的空间，积极参加好社会调查等社会实践活动，以促进学生获得知识，增强学生的社会责任感。班主任在组织学生参与社会实践活动时，对学生提出了要召开成果汇报式主题班会的要求，即学生不仅要积极参与活动，回来后还要有成果、有体验。在这样的班会中，学生汇报了在调查中的发现，参与活动的体验，展示了自己取得的成果。通过彼此之间的交流和成果的展示，增强了学生的自豪感和成就感，激发了学生参与这类活动的积极性。由于强化了学生的内在体验，从而培养了学生的社会责任感，为学生的未来发展奠定了基础。

（八）才能展示式主题班会

培养学生的自信心是班主任工作的重要内容，但学生的自信心的培养不是一朝一夕就可以实现的，需要班主任注重营造各种机会，让学生体验到成功的喜悦，增强学生的自豪感。为此，可以在充分了解每个学生特长的基础上，多次组织以才能展示为主题的班会，这些班会大多以擂台赛为形式组织，把班级的学生随机或自由组合成各竞赛小组，通过打擂的方式展示，以小组的成绩作为评奖的依据，这样的班会不仅使每一个学生都有了成功的可能和展示自己的空间，还有利于培养学生的合作意识。

（九）专题辩论式主题班会

大学生喜欢辩论，通过辩论也可以使学生分清一些问题。因此，可以针对学生易混淆、理解不深的问题设置专题，将班内的学生分成正反方进行辩论。即采用大学生辩论会的流行形式，选定口才好的同学当主持人宣布注意事项、正反双方辩论题及代表，让双方各自阐述自己的观点，围绕本方的主题同对方辩论，最后各方派一名代表作总结。这种形式所涉及的论题都是学生非常感兴趣的、平时讨论的热点问题。通过辩论，学生弄清楚了那些容易混淆的敏感问题，也培养了学生是非分明、立场坚定、逻辑严密、论证充分的世界观和思维方式，提高了学生的口头表达能力。由于这种类型的班会将知识性与趣味性融合在一起，大大激发了学生的求知欲，可使学生在欢乐轻松的气氛中受到教育。

（十）娱乐表演式主题班会

大学生具有较强的好奇心和探究欲，教育活动的效果在一定程度上取决于学生的参与程度，形式新颖、娱乐性强的主题班会往往能够满足大学生的好奇心，调动起学生参与活动的积极性。因此，可以设计一些娱乐表演式的主题班会，将深奥的教育道理寓于活泼轻松的游戏中，使学生在不知不觉中受到教育。即使是严肃的主题也可以在不偏离主题的情况下，让学生采取自编小品、合唱等形式进行组织，以达到提高教育效果的目的。

五、主题班会的设计艺术

主题班会的设计要遵循计划性、教育性、针对性和创新性原则，在设计过程中，要求紧凑合理、突出主题，重点要把握好下面几个方面的艺术要求。

（一）精选主题班会的内容

班会的主题既是对班会讨论范围的限定，又是对参与讨论者的提示。好的主题能震撼学生的心灵，激发学生的热情，使学生不吐不快，言犹未尽。选题总体上要以学校的德育教育为主线，联系学校实际，同时要考虑不同年级的具体情况和不同阶段的教育任务。比如，大一要开展入学适应教育，大二要开展职业教育，大三要开展创新教育，大四要开展就业教育。低年级适宜选择一些表象的、单一的主题，高年级适宜选择理性的、综合的主题。为了突出教育的时效性，也可以根据每个月份、节日、纪念日和当前的政治时事来选择主题。选择一个好的主题不是件容易的事情，班主任在平时要善于调查研究，对于本班学生的精神状态、学风、班风和学生日常生活中暴露的思想问题要做到心中有数，了如指掌，然后分析并整理学生中出现的共性和个性问题，围绕这些问题来确定主题。所以，主题的确定要结合本班学生的实际。总之，班会的主题必须突出班会的教育目的，但不是教育目的的直接陈述；必须切合班级存在的主要问题，但不是问题的简单指出，而是要提出解决的方法。

（二）精设主题班会的形式

传统的班会形式有经验交流式、演讲式、辩论式、座谈式、文艺式、报告式、电教式等。其适合不同的内容主题，也在学生的学习生涯中喜闻乐见，但同时缺少了新奇感。主题班会在有限的时间内要达到震撼人心的育人效果，就必须能吸引人，其形式尤为重要。这就需要班主任和班委能够匠心独运、别出心裁，以新的形式解决老问题，给旧的形式赋予新活力。如将传统的经验交流式变为访谈式，将传统的室内场地变为户外场地，将辩论式变为开放小品，将枯燥的说教变为影片剪辑等。可以设计团队辅导式主题班会，即学生在班主任的带领下完成团队心理辅导游戏，在游戏中通过亲身经历和体验，感悟班会主旨，并在游戏的过程中，学会沟通交流、团队合作、包容信任，提高情商。多用于集体凝聚力不强、目标迷茫困顿期。可以设计模拟实践式主题班会，即学生在生涯演习、模拟商战、职场模拟的过程中，体会自我定位、制订发展目标、激发内在动因，学会分工协作，激发和培养责任感和荣誉感。多用于职业生涯发展规划和就业指导主题。可以设计连续式主题班会，即当一次班会不能彻底解决问题时，可给学生设计任务，制造悬疑效果，留待下次班会揭晓。这种方式多用于新生适应期，如在新生入校，彼此尚不熟悉的时候，在一次班会上设置环节，让学生通过抽签的方式抽到其他同学的名字，不许告诉对方，只能通过默默地观察了解对方的优点，一周后的班会上把自己的观察结果写到便签上送与对方。

（三）精细主题班会的实施过程

每一次成功的班会，都要选好主题和形式，这离不开班委精心地组织，它是开好班会的核心。首先是前期准备。班委是主题班会的主要组织者和主持者，班会前，班长应召集班委会成员，精心构思，细心筹划，包括主题的内容、形式和班会中的程序以及环境氛围的渲染。其次是中期调控。班会中，班主任要融入班级活动中，以起到鼓励鞭策、活跃气氛的目的，及时发现并解决问题。虽然学校、专业、学生结构特点各异，国内外形势变化莫测，班会内容也缤纷多样，但班会的主旨方向始终需要班主任的严格把握。尤其在讨论式班会中，学生难免出现错误和偏激观点，导致主持人难以驾驭的场面，这就需要班主任高屋建瓴的点拨。第三是后期总结。除了确定好主题，精心组织外，班主任还要认真考虑主题如何深化，做好班会的总结。主题班会结束时，班主任的总结是对班会主题的深化和提升，没有这个点睛之笔，主题就很难突出。第四是成果巩固。要使主题班会真正起到教育作用，绝不能忽略最后一个环节，那就是做好“追踪教育”，巩固班会成果。主题班会结束一段时间后，班主任必须进行跟踪反馈与思考。

第六章　班主任职业指导

第一节　兴趣及技能探索

一、识别学生兴趣

著名的心理学家林崇德曾说过："天才的秘密在于强烈的兴趣和爱好。"一个对职业具有高度兴趣的人，可以保持长久的工作活力，增加个人对工作的满意度，在工作中取得成就感。

所以，解答学生"我适合做什么工作?"这一问题的时候，班主任首先要解决的是识别学生真正的兴趣，其实在生活中不难发现自己的兴趣，只是在发现兴趣的过程中，几乎都会遇到三类问题。

（一）三类常见问题

第一类问题：学生兴趣多、爱好很广，但无从具体选择自己未来的发展方向。有很多学生有不少兴趣爱好，如篮球、阅读、看电影、养宠物等，涉猎领域很广泛。但如果让他选一项作为未来的发展方向，他会非常为难。因为对他而言，选择了这一项，就意味着放弃了另外几项，内心很难抉择。

第二类问题：一部分学生的生活相对寡淡，不清楚自己的兴趣点在哪里。一些学生的业余生活和社交生活较少，主要是以学习为主，感兴趣的事情比较少，不知道自己喜欢什么。

第三类问题：学生清楚地知道自己的兴趣在哪，但他们的兴趣都无法作为一项事业在未来进行奋斗。例如，有些同学的爱好是刷微博、追剧，但靠这些兴趣根本无法实现个人进步和长期的发展，这类兴趣无法发展成喜欢的工作。

（二）三类问题的对应解决方法

1. 对第一类问题的解决方法

首先要将兴趣进行分类，这里可以把兴趣分为三类：感官兴趣、自觉兴趣、志趣，如

图 6-1 所示。

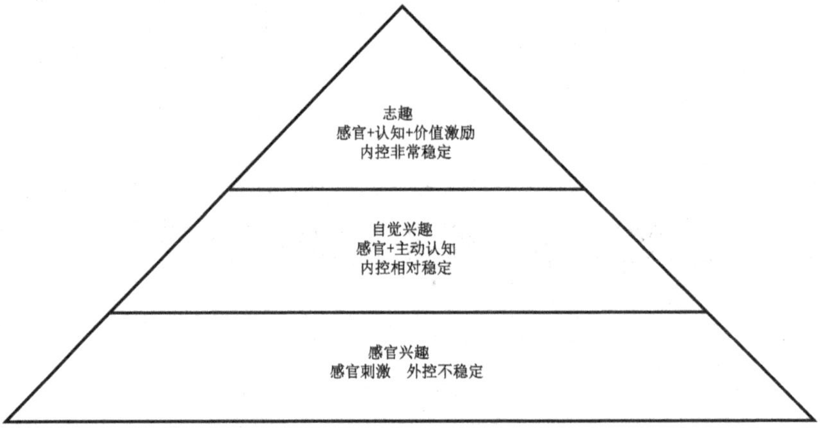

图 6-1　兴趣的三个层级

感官兴趣：顾名思义，就是通过直观的感官刺激产生的兴趣。例如，听到一首好听的歌，刷了一天的微博，虽然很快乐，但是没有留下什么印象。

自觉兴趣：在情绪的参与下，把兴趣推向思维，由此产生了更加持久的兴趣。例如，在饭店吃了一道菜很可口，于是对怎么做出来很有兴趣，这就是自觉兴趣。随着思维的加入，可以让兴趣更持久并定向在一个领域，从而产生能力。

志趣：志趣不仅是兴趣，而是把兴趣通过学习变成能力，通过能力寻找平台获得价值，在众多价值中找到最有力量的一种的生涯管理技术。很多大师就是在自觉兴趣之上，发展出了一种更强大而持续的志趣，从而对抗成长路径上的重复和倦怠。这就是人类最高的兴趣等级——志趣。志趣的秘密不仅在于有感官和认知能力，还加入了更深一层的内在动机——志向和价值观。

在了解兴趣的三个层级的基础上，可以很快把学生的兴趣大概做个分类。看看有哪些是稍纵即逝的感官兴趣，哪些是自觉兴趣，哪些是已经花费了不少时间精力，甚至想要终身从事的志趣。如果在相同层级，还有几个并列的爱好，可以引导学生根据自己的喜好进行优先级排序。

2. 对第二类问题的解决方法

引导这部分同学向第一类同学看齐，先去挖掘和培养一些兴趣。

兴趣培养的方法并不难，基本分为三步。

（1）首先建议学生走出原有既定的生活方式，多去体验一些让自己感兴趣和开心的事，先让自己沉浸在足够的感官体验中。（发现兴趣）

（2）让学生趁着感官的情绪还没消退，为兴趣找到学习资源，尽快掌握更多的知识，使自己的感官兴趣进化到自觉兴趣。（找到资源）

（3）引导学生为自己找一个兑换价值的方法，然后把兴趣和学生的未来绑定。（兑换价值）

例如，学生开始很喜欢看动漫，觉得动漫里的人物很有意思，故事情节也很有趣。那么，第一步，学生可以看更多优秀的动漫作品，看看别人的创意，不断让自己的感官先受到刺激，让自己沉浸在开心的氛围中；第二步，可以在自己的城市里找到一些从事动漫行业的专业人士，和他们聊聊行业的发展和从业人员的经历，都需要哪些方面的人，自己可以先从网上学习绘画基础或编剧能力；第三步，目标不要定太高，一开始就拿自己和成名者去做比较，那一定会很容易失望，可自己通过学习，先制作出一些小样和 DEMO 放在网络上，然后看看大家的评价。

3. 对第三类问题的解决方法

把兴趣发展为工作的过程中，能力是必不可少的条件。所以存在第三类问题的学生首先和第一类学生一样，先去确认自己的兴趣到底属于兴趣的哪个层级，感官层级和志趣层级的兴趣都可以优先作为职业发展的潜在方向。除此之外，还能利用 MBTI 职业性格测试来为学生判断未来可能的工作方向。

（三）MBTI 职业性格测试

MBTI 职业性格测试是国际流行的职业人格评估工具，是一种对个性进行判断和分析的理论模型。它从纷繁复杂的个性特征中，归纳提炼出 4 个关键要素——动力、信息收集、决策方式、生活方式——进行分析判断，从而把不同个性的人区别开来。

MBTI 有四个子量表，分别测量四个维度：内倾—外倾（I－E）；感觉—直觉（S－N）；思维—情感（T－F）；判断—知觉（J－P）。

第一个维度：根据个人的能量更集中地指向哪里来区分，分为内倾和外倾两种类型（IE）。

（1）内倾型的人：独自一个人感到振奋；避免成为注意的焦点；先思考、再行动；在脑中思考；注重隐私，只与少数人共享个人信息；听的比说的多；不把热情表现出来；思考之后再反应，喜欢慢节奏；思考问题时喜欢深度而不是广度。

（2）外倾型的人：与他人在一起时感到振奋；希望成为注意的焦点；先行动，再思考；喜欢边想边说出声；易于被了解；愿与人共享个人的信息；说的比听的多；热情地交流；反应迅速、喜欢快节奏；思考问题时喜欢广度而不是深度。

第二个维度：根据个人收集信息的方式不同分为感觉和直觉两种类型（S－N）。

（1）感觉型的人：相信确定而有形的事物；喜欢具有实际意义的新主意；崇尚现实主义与常识；喜欢运用和琢磨已有的技能；留心特殊和具体的，喜欢给出细节；循序渐进地给出信息；着眼于现在。

（2）直觉型的人：相信灵感和推理；喜欢新主意和新概念，只出于自己的意愿；崇尚想象力和新事物；喜欢学习新技能，但掌握之后容易厌倦；留心普遍和有象征性的，喜欢使用隐喻和类比；着眼于将来。

第三个维度：根据个人做决定的方式的不同，可分为思维和情感两种类型（T－F）。

（1）思维型的人：后退一步，客观地分析问题；崇尚逻辑、公正和公平；有统一标准；自然地发现缺点、有吹毛求疵的倾向；可能被视为无情、麻木、漠不关心；认为诚实比机敏更重要；认为只有合乎逻辑的情感才是正确的；受获得成就欲望的驱使。

(2) 情感型的人：向前看，关心行动给他人带来的影响；注重感情与和睦；看到规则的例外性；自然地想让别人快乐；易于理解别人；可能被视为过于感情化、无逻辑、脆弱；认为诚实与机敏同样重要；认为所有的感情都是正确的，无论有意义与否；受驱使与被理解的驱使。

第四个维度：根据个人最感到舒适的生活方式，可分为判断和知觉两种类型（J—P）。

(1) 判断型的人：做完决定后感到快乐；具有“工作原则”，先工作再说；确立目标并按时完成任务；想知道自己的处境；着重结果；通过完成任务获得满足；把时间看成有限的资源，认真对待时间限制。

(2) 知觉型的人：因保留选择的余地而快乐；具有“玩的原则”，先玩再工作；当有新的情况时便改变目标；喜欢适应新环境；着重过程；通过着手新事物而获得满足；把时间看成无限的资源，认为时间期限是活的。

二、识别学生技能

（一）技能的定义

技能指的是在工作或任务中展现或学到的各种特质、才华和个人品质。生活中通过与他人的互动及处理日常事务不知不觉地发展了技能。这些技能大体上可分为三类：功能型技能、工作型技能、适应型技能或自我管理技能。

(1) 功能型技能（functional skills）：那些专门针对某些工作的技能，如制订计划、收集数据、诊断及处理问题。它们之所以被称为功能型技能是因为人们需要用它们完成常规的任务或工作职责。

(2) 工作型技能（work-related skills）：专门针对某一种工作，如会计员打分、专业医生解释心电图结果等。

(3) 适应型技能或自我管理技能（adaptive or self-management skills）：它们是个人的特质，也可称作个性品质或软技能，如快速学习、关注细节、任务导向、自我引导、与人相处以及合作能力等。

（二）技能的识别

学生能列出的技能是很有限的，但这并不是因为学生缺乏技能，而是因为他们从未识别也不曾思考和谈论这些技能。因为人们常常觉得做一件事并不需要运用任何技巧就能很好地完成，这本身就是被忽略的天赋。有时，学生还会认为目前没有运用某种技能，所以不认为自己具备这种能力。这些错误的看法使学生很难真实而准确地列出自己的技能。

现在，班主任需要帮助学生认识到那些让他们可能在未来拥有职场竞争力的技能。在学生完成了识别自身技能之后，便可以摆脱之前狭隘的自我认知，并逐渐认识到自己的特别之处。

可以让学生完成下面的“技能评估表”（表 6-1）。这张评估表包括 14 个类别，超过 200 项技能。用人单位通常会看重这些技能并常将其作为关键词来筛选人才。完成这张评估表后，让学生仔细思考所选择的技能是如何在自己身上得以体现的。

表 6-1 技能评估表

技 能	评 估
工农业技能	装配 建造 栽培 演示 设计 诊断 估算 评估 检查 起重 维护 操作 修理 更换 日程安排 成本核算 解决问题
文书技能	安排 记账 合作 发展 评估 检验 计算机应用 提高 组织 采购 介绍 补偿 系统化 解决问题 人事管理
沟通技能	表达 合作 联络 定义 编辑 阐述 制定 指导 整合 口译 面试 组织 陈述 写作 提议 阅读 推理 演讲 汇总 合成 翻译 解决问题
设计技能	沟通 创造 制图 绘画 设计 表达 想象力 解决问题 个性化 直觉 质疑 合成 批判思维
财务技能	会计 预算 计算 对比 编写 关联 成本核算 计算机应用 检查 预测 整理 计划 识别 验证 运用财务杠杆作用 解决问题
维护技能	装配 演示 设计 拆卸 评估 检查 起重 维护 操作 采购 修理 解决问题 日程安排
管理技能	分配 构思 指挥 控制 合作 决策 委派 组织 指导 授权 实现 制定 雇用 启动 测量 建模 计划 赞助 监控 支持 团队建设 解决问题 日常安排 行政管理
手工技能	组装 构建 控制 创造 剪裁 制图 利用 绘画 驾驶 检验 监控 操作 编程 修理 设计 制表 适应力 好奇
个人素质	好奇 进取 志向 坚定 平静 自信 认真 合作 可靠 谨慎 高效 活力 热心 灵活 坚强 直率 理想 策划 创新 逻辑 忠诚 有方法 客观 乐观 持久 现实 精确 安静 可信赖 坚韧 机智 自觉 敏感 严肃 真诚 得体 事业心 创造力 有策略 有决心 适应力 警惕性 有才华 支配力 敢于冒险 实事求是 批判思维 有组织性
公共关系	合作 交流 实施 咨询 说服 创造 签署 娱乐 主持 通知 调停 协商 计划 促进 招聘 代表 研究 写作 解决问题
研究技能	分析 合作 交流 编写 演示 设计 诊断 评估 采访 调查 提问 识别 精练 回顾 总结 合成 测试 写作 理论化 数学建模 解决问题
销售技能	建议 询问 计算 结账 交流 对比 联络 签约 说服 区分 影响 通知 检查 协商 劝告 定位 促进 推荐 代表 回顾 成本计算 解决问题
服务技能	合作 签约 协调 校正 咨询 演示 鼓励 评估 促进 引导 整合 领导 倾听 调停 监控 激励 说服 计划 答复 总结 授课 解决问题
技术技能	校正 排列 计算 编档 设计 细化 制图 评估 检验 观察 精练 重组 回顾 修订 解决 合成 核查 规格化 结构化 创建系统 解决问题

“技能评估表”中，在乐于使用（即使不擅长）的技能前画“＋”；然后再次浏览，并在擅长的技能前画“√”；在从未使用过的技能前面画“○”；最后，在想要培养并提升的技能前画“×”。

完成所有步骤后，再看画“×”的选项，这些是自发性技能或是学生反向使用的技能。它代表了学生的技能优势或者最感兴趣的领域。

求职时，介绍自己的最佳方法就是从自身所有的技能及如何将技能应用到工作中去谈起。如果能引导学生充分认识到自己具有的技能，并使其成为学生未来职业形象的一部分，这将会成为未来他们在职场竞争过程中的巨大优势。

班主任可以通过让学生回顾和反思自己最引以为傲的成就来发现自己的技能，因为正是这些技能使他们取得了这些成就。可让学生尝试下面发现技能的练习。

(1) 个人成就。列出你的 10 项个人成就（成就指那些已经完成的活动、目标、项目或工作）。

(2) 描述成就。从上面（1）列出的成就中，选择 1～2 个详细描述出来，每页纸描述一项成就。对每一件事的描写要尽可能详细，可以着重描述是谁影响了你、你做了什么、事件何时何地发生、你为什么这样做以及你是如何做到的。接下来，就可以从个人成就描述中识别出自己的技能了。

(3) “自发性”技能。参考技能列表，找出在（2）列出的个人成就中所使用的技能。

(4) 回顾所取得的成就，从中选出 5 个自己感兴趣并愿意提升的技能。

(5) 思考如何培养（4）中的这些技能。

(三) 可迁移的技能

可迁移技能是指那些可以从一份工作转移运用到另一份工作的，甚至在更多的工作和人生场景中可以运用的技能。下面介绍如何使用 SCANS 报告帮助学生发现自己的可迁移技能。

SCANS 报告中主要归纳总结了可迁移技能也即职场必备技能的三个基础和五项能力。我们首先对这些基础和能力进行解释，然后提供一些方法来评估学生对这些技能所掌握的程度。

1. 三个基础

基本技能：阅读、写作、数学、口头表达和倾听是当今劳动者必备的基本技能。

思维能力：包括创造性思维、决策能力、解决问题能力、观察能力、学习能力和推理能力。思维能力使学生看清自身的优势和劣势，并采取措施补救劣势。

个人品质：责任感、自我尊重、社交能力、自我管理和正直诚实，这些都是在前文中提到的性格特征和本专题中提到的适应型技能。

2. 五项能力

高效的工作人员能有效运用以下五项能力。

运用资源：合理安排时间、资金、材料、空间和人员。

人际技能：团队合作、教授他人、服务客户、领导能力、协商能力、能与不同文化背景的人合作。

运用信息：获取和评估信息、整理和保管文件、阐释和传递信息、运用计算机管理信息。

掌控系统：理解社会体系、组织体系及科技体系，监测并调整系统性能，设计并优化系统。

运用科技：选择设备和工具，应用科技完成具体的任务，维护设备并排除技术故障。

以上就是常见的几种可迁移技能，班主任可以引导学生将所拥有的技能和雇主想要的技能实现对接。记住在非技术或非科学类职业中，天赋和态度，以及从兴趣、实习及生活经历中学习的技能也许会是学生最大的财富。

第二节　职业探索

一、职业环境

（一）职业环境的五个维度

所谓职业环境，就是指某一职业在社会大环境中的发展状况、技术含量、社会地位、未来发展趋势等。进行职业环境分析的要求是，通过职业环境分析得出职业环境对职业发展的要求和影响，对各种影响因素加以衡量、评估并做出反应。关注当前热点职业有哪些，发展前景怎样，社会发展趋势对所选职业有什么影响，要求如何。我们主要从社会环境、行业环境、职业、企业环境和地域五个维度着手进行分析。

（二）职业环境分析

1. 社会环境分析

社会环境分析是对整个社会背景的分析，包括政治、经济、科技、文化和法律法规等诸多方面。就业政策在这里边发挥了重要作用。当前国家大力支持发展职业教育，在就业问题上也提供了很多积极的解决方案，鼓励企业开放更多的用人岗位，提供更多的机会。

另一个很重要的方面是市场的需求。市场需求大的社会中更容易获得职位，相反，已经饱和的就很难再进入。这是应届生职业规划时应该特别用心关注的地方。

2. 行业环境分析

行业环境分析也就是对想要从事的目标行业环境进行分析，应该重点关注发展状况、受什么影响最明显、行业的优势和问题，还有行业前景等内容（表 6-2）。

表 6-2　行业环境分析

行业环境要素	分　析
行业的归属	确定企业经营业务、行业归属是行业环境分析的首要内容 1. 要了解和判断公司经营活动范围 2. 了解和判断该公司的产品和市场处在何种具有独特发展规律和逻辑的行业之中
行业历史和行业发展趋势	通过对这个行业历史和现状的相关资料的分析，了解行业演变过程中存在的机遇、威胁，对行业未来发展趋势进行判断和预测行业结构 1. 供给结构——厂商集中度、企业间竞争程度、市场占有率 2. 需求结构——产品差异化和多元化程度、产品需求增长率 3. 产业链结构——行业内纵向一体程度 4. 行业结构的变化历史和发展趋势

续表

行业环境要素	分　析
行业内企业行为	要对行业内企业在历史上和当前的策略、行为、应对行业结构变化的反应等行为模式进行深入的剖析。尤其是处于同一战略群体中的企业和主要竞争对手的行为是分析的重点，它们的战略博弈过程，体现了行业特点及行为模式
行业关键成功因素	总结出行业内企业实现成功竞争所必须具备的条件

在分析行业环境时，社会大环境的发展趋势是不可忽视的。在时代发展浪潮中，有些行业已经夕阳西下，有些行业却是旭日初升，还有些则是如日中天。有些行业受到保护，有些行业被限制，有些行业则被大力支持。像近年来和环保有关的行业就受到国家支持，如果规划时选择了高污染的行业，那么必将带来严重后果。

3. 职业分析

对于职业分析，应该重点关注用人单位对从业者的能力要求，换言之就是工作要求和工作内容。客观评价自己的能力与志向是否与之匹配。另一个很重要的点是了解职业的发展前景和晋升通道，通常较大的平台有更多的晋升机会，晋升通道以及未来发展的可能性都更加多样。

（1）公司官网是最权威、最易查、最基础，也是最简单的公司信息来源。公司官网中的“关于我们”中会包括公司简介、企业愿景、企业文化、企业架构、主要产品和服务等最基础的公司信息。部分公司会在官网上添加“加入我们”，发布职位信息，其中就包括岗位的具体要求和具体工作内容，但是同学们要注意这些信息的时效性。需要注意的是，公司官网也有其局限性，如更新速度慢，信息过于宽泛等，适合求职初期阶段的同学们大致了解公司概况。

（2）移动互联网时代，社交媒体平台已然成为庞大的信息资源库。而且说到时效性，社交媒体平台更有着无法代替的优势，现在甚至一些新兴公司已经放弃了传统的网站，通过自己的社交账号来进行信息公示和市场推广。

在求职时，应该如何利用这一丰富的信息资源呢？可以从以下三个方向入手。

官方账号：大部分公司都已经在主流平台开通了官方账号，可以轻松搜到。官方账号发布的内容，是对企业文化和价值观更加生动和全面的展示，包括公司最新动态和线上活动，公司关注的前沿领域和方向，在日常中如何诠释公司愿景等信息，也就是更直接地展示公司的“形象”。加上社交媒体的直聊功能，还可以与公司客服进行直接互动。

员工主页：针对关注外企的同学们，推荐通过 LinkedIn，搜索从事过自己心仪职位的前辈，仔细看一下他们的技能和优势（Skills&Endorsements）一栏，这非常有助于了解目标公司对自己心仪的职位的期待以及这一职位的理想候选人应该具备的潜质和能力。在个人简历和面试中就可以通过突出相关个人能力，提高赢得入职通知的概率。

行业关键意见领袖（Key Opinion Leader，KOL）：另外，社交媒体上也有很多行业KOL，会从专业角度和个人经验对各个公司进行分析点评，这些信息也是同学们从不同角度了解行业和公司的好渠道。

(3) 已经在这家公司工作的亲戚朋友和前同事，能够帮助求职者了解这家公司的部分信息。需要注意的是，可能他能给你传达的信息比较有限，多数信息也是围绕他自己的工作所涉猎的范围。

4. 企业环境分析

如果已经有了自己心仪的企业，也可做相应的企业环境分析，了解企业实力。企业实力既包括企业外在的竞争力也包括企业的内在发展动力。很多时候我们应该将目光放得长远，一些处于上升阶段的企业，可能有更强的竞争力，明确的战略目标，更具有活力和战斗力。即便是个小公司，也是可以考虑的。

企业文化和企业制度则是求职者能否在其中长久工作下去的重要影响因素。一个好的企业，应当让员工感到快乐和受尊重，激发员工的工作积极性，并且能够有比较合理的晋升途径和更好的职业培训。员工能够在其中成长，为企业做出贡献，并且在做出贡献后能够获得报酬。企业前景是职业期望实现的现实条件。

这一部分信息我们依然可以从公司官网中获得，通常来讲企业官网中的“关于我们”中会包括公司简介、企业愿景、企业文化、企业架构、主要产品和服务等最基础的公司信息。“联系我们”项目中可以看到公司的联系方式和主要办公地址，可供求职同学考虑通勤距离和周围环境。

5. 地域分析

工作地域的分析也同样重要，对于毕业生而言，就业不仅仅是一份工作和职业的选择，很多时候更是生活环境甚至是生活方式的选择。在地域选择上同样有一些问题是值得注意的，大城市由于机会比较多，更容易吸引应届生，应届生则要在职业规划的时候就弄清楚选择大城市的利弊。已经非常热门的行业也要慎重，这种行业往往已经进入卖方市场，用人单位更挑剔，要求也更严格。应届生在做职业规划时要弄清楚自己想要选择的职业在各个地区的不同状态。

另外就是从行业分布的角度，也有如下几条建议：

(1) 从事文化、IT 行业，北京、上海、深圳等一线城市当之无愧是首选。

(2) 从事机械相关职业，长沙（三一重工）、徐州（徐工）、柳州（柳工）这些内地城市，显然比一些没有重工业的沿海地区，有更好的发展前景。

(3) 从事汽车行业，芜湖（奇瑞）、沈阳（华晨）、保定（长城）、深圳（哈飞、比亚迪），这些地方都开发出了有一定实力的国产自主品牌，可以为大学生的职业发展提供广阔的上升空间。

(4) 从事电信工程、通信工程，深圳（华为、中兴）当然是第一选择。

以上，就是在职业规划中进行职业环境分析的方法。掌握了以上几个方面，大学生就可以进行比较有条理的资料收集和分析工作，为自己的职业规划添砖加瓦。

二、职业探索活动

（一）生涯人物访谈

1. 意义

生涯人物访谈，作为一种获取职业信息的有效渠道，能帮助求职者（尤其是在校高职生）检验和印证以前通过其他渠道获得的信息，并了解与未来工作有关的特殊问题，如潜在的入职标准、核心素质要求、晋升路径和工作者的内心感受。通过生涯人物访谈，在校高职生还能正确认识自己的优势和不足，从而制订更加合理的高职学习、生活和实习计划。

2. 一般步骤

（1）让学生了解自己。借助一定的工具（MBTI、技能评估表等）分析每个学生的兴趣、技能和工作价值观。

（2）寻找生涯人物。结合某一类学生的兴趣、技能、工作价值观、教育背景和已掌握的职业知识列出未来可能从事的3～5个职业，然后在每个职业领域寻找3位以上的在职人士作为生涯人物。生涯人物可以是学生的亲人、教师和朋友，也可以是他们推荐的其他人，还可能是借助行业协会、校友会或某个具体组织的网页寻找到的职场人士。

注意：生涯人物的职业应是自己向往的，但不应将生涯人物访谈当成获得面试机会的工具；每个职业领域的生涯人物应结构合理，既有初入职场的人士，也有工作了一定年限的中高层人士；正式访谈前，对生涯人物的信息掌握得越全面越好，姓名、职业和联系方式是必需的，尽可能地收集和熟悉生涯人物的讲话、文章，也可以在大众传媒或者所在的公司网站上收集有用的信息。

（3）结合目标职业信息设计访谈问题。例如，您是如何找到这份工作的？目前，行业内要求从事这份工作的人应该具备什么样的教育和培训背景？您认为做好这份工作应该具备哪些知识、技能和经验？每个人提的问题要根据自己的具体情况进行设计，通过生涯人物访谈，要从生涯人物那里获得对自己有用的信息；设计的问题可以封闭式为主，既节约时间，又能得到需要的答案；问题设计得要尽量口语化、易懂。

（4）预约生涯人物。推荐以电话的形式预约生涯人物。预约时学生首先介绍自己，然后说明找到他的途径、自己的采访目的、感兴趣的工作类型及进行采访所需的时间（通常20～30分钟）。如果生涯人物能和自己见面，就感谢他能够接受采访并确定采访的日期、时间和地点。

注意：联系前的准备要充分，电话联系时应备好纸和笔，以备临时电话采访；联系要有礼貌，时间要短。

（5）采访生涯人物。采访方式最好是面谈。面谈前，采访者可以用已经从其他渠道了解的生涯人物的好消息轻松打开话题。之后就可以按设计好的问题开始访谈。遇到生涯人物谈兴正浓时，采访者要乐于倾听，给生涯人物留出提供其他信息的机会。在访谈结束时，请生涯人物再给自己推荐其他相关的生涯人物。这样就可以以滚雪球的方式拓展自己的职业认知领域。

注意：采访前为自己准备一个“30秒的广告”，因为在访谈过程中生涯人物可能会问采访者的职业兴趣和求职意向；面谈前，应征求生涯人物的意见，视情况对谈话进行录音或书面记录，也可以不记录；面谈一定要守时、简洁，不浪费他人时间；结束时，可以向生涯人物赠送小礼物和一些关于学校和自己所学专业的宣传材料；访谈结束后，对于不允许访谈现场记录的内容应迅速补记；采访结束后一天之内，要通过合适的方式表示感谢。

参照上述方法，就可以引导学生进行生涯人物访谈了，从中了解未来工作领域中一些比较深入的信息：入职标准、核心素质要求、晋升路径等。同时也可以借此建立个人关系，拓展自己的人脉资源。

（二）制订职业发展规划

高等职业教育是以就业为导向的教育，绝大多数毕业生要从这里走向社会，开始自己的职业生涯。高职学生一般年龄较小，身心发展都还不大成熟，但马上面临就业，所以班主任帮助学生客观、科学地制订个人的职业生涯规划有助于学生未来的长远发展。

作为高职学校的班主任应该有计划、有目标、有层次地引导学生规划自己的“职业发展路线”。

1. 确定职业生涯目标的步骤

（1）确立志向。

志向是事业成功的基本前提，是职业生涯规划的起点。俗话说“有志者，事竟成”，“志不立，天下无可成之事”。立志是人生的起始点，反映着一个人的理想、胸怀、情趣、志向，指导人生事业的航程。

（2）分析过程。

① 自我分析：所谓自我分析就是自我认识的过程，也是“知己”的过程，自我分析是职业生涯规划的基础。只有全面而深刻地了解自己才能使理想和希望变成现实。

② 自我感知：自我感知就是在日常生活中对自己的性格、行为、情感、价值、社会角色等与自我有关的一切因素的自我体验、察觉、认识过程，包括感知生理自我、心理自我、理性自我、社会自我几个部分。

生理自我，主要是对自己相貌、身体、穿着等方面的观察与认识。

心理自我，主要是对自我性格、气质、意志、情感、能力等方面的优缺点进行评估。

理性自我，主要是对自我的思维方式和方法、知识水平、道德水准等因素的评价。

社会自我，主要是对自己在社会上所扮演的角色，在社会中的责任、权利、义务、名誉，他人对自己的态度，以及自己对他人的态度等方面的评价。

2. 设定目标

职业生涯目标指引人们走向未来，激励人们努力奋斗，并积极创造条件来实现目标，可以避免无目标地四处飘浮，随波逐流。没有一定的目标就会丧失职业生涯方向。目标可划分为人生目标、长期目标、中期目标和短期目标。其中，人生目标的设定是职业生涯规划的核心。通过工作初期对工作的试探，进一步了解自我和职业环境，尽快确立职业生涯发展目标。

（三）制订职业生涯规划

1. 制订职业生涯规划的原则

客观性原则：要求个人在自我评估时，对自己的智商、情商、专业特长、个性特点及优缺点进行实事求是的评价。

前瞻性原则：职业生涯规划是对一生的职业生活安排，是面向未来的生活设计，而不是对当前的生活计划，因此，着眼于未来的前瞻性是贯穿于职业生涯规划中的一条重要原则。

全程性原则：职业生涯规划涵盖了人一生的职业生活内容。因此，在制订职业生涯规划的时候，必须对职业生涯发展历程做全程式的考虑，而不是对某一阶段的安排。

实用性原则：必须明确，制订规划是为了执行规划。规划职业生涯的科学方法各种各样，但在具体制订规划时一定要注意落地。例如，为了快速积累行业知识，计划博览群书并参加各类商业培训。这类计划从实用性和可行性的角度出发就是不好的计划，应该结合自己的实际情况，具体设定多久读多少相关的书籍以达成什么样的效果，并且阶段性地对自己的完成情况做出总结。

2. 制订职业生涯规划的方法

职业生涯规划，应从一生的发展写起，然后分别定出十年、五年、三年、一年计划，最后订出月、周、日计划。计划定好后，再从一日、一周、一月计划实行下去，直至实现年目标、三年目标、五年目标、十年目标。职业生涯规划可以大致分为以下几个类型（表 6-3）。

表 6-3　制订职业生涯规划的方法

类　型	定义及任务
人生规划	整个职业生涯的规划，时长 40 年左右，要考虑自己今生想要成为一个什么样的人，在职业生涯的终点希望获得哪些成就。例如：成为一个企业家，拥有自己的企业
长期规划	5～10 年的规划，设定长远的目标，写出自己在 5～10 年之后的理想岗位和职位。长期目标应该是自我分析、职业环境、社会环境积极评价的结果。充分考虑个人的需要、价值观、兴趣和才能等，包括考虑到个人的家庭、生活方式等诸多因素。这就需要对自己进行审视： 1. 你希望在未来长期从事何种类型的工作； 2. 从事哪些活动，获得什么样的回报。如收入多少、社会地位和声望、承担哪些责任、家庭状况、健康状况。 例如，规划自己 40 岁时成为一家大型公司的高管，年薪百万元，时间自由，财务自由

续表

类　型	定义及任务
中期规划	2～5 年的目标与任务。职业生涯中期目标是在长期目标的规划和影响下制定出来的，也是对实现长期生涯目标的具体化。这期间的目标应该比长期目标更加具有可操作性。这就需要对如下的问题做进一步的思考： 1. 什么样的工作经历能够使你有条件实现长期目标； 2. 你需要提高哪些才能； 3. 你需要经历哪些锻炼； 4. 你需要得到哪些人或者哪类人的帮助； 5. 婚姻状况如何等。 例如，规划自己成为部门主管等，提高自己管理团队的能力、公众面前的表达能力，需要得到领导在工作上的指导以及周围同事的支持
短期规划	1 年以内的规划，可以细化到每日计划。职业生涯设计的短期目标应尽可能是具体化、详细化、操作性强的行动目标。短期目标同样具有很强的灵活性，制定时可以从以下几个问题出发进行思考： 1. 你需要获得哪些知识； 2. 掌握什么样的专业背景； 3. 需要具备什么样的社会经历； 4. 选择什么样的职业和工作环境以及何种生活方式； 5. 如何让你的父母、老师支持你的选择等。 例如，需要接受目前高职学校带来的专业技能培养，需要进行半年左右的工作岗位实习，希望最终的工作环境和生活方式都是相对轻松稳定的

第三节　职业道德

一、职业道德要求

（一）职业道德的内容

职业道德，就是人们在职业活动中符合职业特点所要求的道德准则、道德情操与道德品质的总和，它既是对本职人员在职业活动中的行为标准和要求，同时又是职业对社会所负的道德责任与义务。职业道德的基本内容包括：爱岗敬业、诚实守信、办事公道、服务群众、奉献社会。

职业道德教育是职业学校对学生进行思想政治和品德教育的主要内容，加强职业道德教育增强学生的职业意识，使学生树立爱岗敬业的职业观，养成良好的职业习惯，是职业学校加强就业指导的重要举措。加强高职学生的职业道德教育，不仅有利于学生道德素质的提高，让他们能更好地适应职业，更好地服务于社会，也对我国劳动者素质的提高有着至关重要的作用。

(二) 企业反馈学生实习当中存在的问题

1. 责任意识淡化

有些学生对什么都不感兴趣，对什么都没有劲，表现在行动中就是情绪冷漠、消极，整天无精打采，对表扬、批评都无所谓。因而对他人、对社会，对周围的一切都感到毫无意义，渐渐变得冷漠。

2. 遇到挫折难以调节心态

一部分同学表现出求胜欲太强、乱发脾气，遇事总是喜欢找借口、拒绝道歉、不懂得感激、怀疑自己的能力的特点，畏难情绪较多。

3. 过于放松对自我的要求

在一部分同学身上表现为不懂得聆听、过于强调自我等表现，自制力差、时间安排不合理，对领导和教师安排的任务完成得不及时，迟到早退，随意请假等问题。

二、加强职业道德教育的途径和方法

对应职业道德的基本内容，班主任应该重点培养学生的规则意识、爱岗敬业精神、诚实守信习惯，以及团队合作能力。

在日常中培养高职生良好习惯，加强学生的职业道德修养。良好的习惯是一种优良的品质素养，表现为守时守信、办事专心、生活注重细节等。

(一) 制定班规

班主任作为班级的管理者可以借助班规有效地培养学生的规则意识。如果只向学生讲规则意识，没有他们的亲身体验，规则意识是树立不起来的。通过学生自己制定班规，让学生在实践中认识规则。这样的方式是对学生的尊重，也是对学生权利的尊重。

“二战”期间，美国空军降落伞产品的合格率为99.9%，这就意味着从概率上来说，每一千个跳伞的士兵中会有一个因为降落伞不合格而丧命。军方要求生产厂家合格率必须达到100%。生产厂家说他们竭尽全力了，99.9%已是极限，除非出现奇迹。为了解决这一问题，军方改变了检查制度，每次交货前从降落伞中随机挑出几个，让厂家负责人亲自跳伞检测。从此，降落伞产品的合格率达到了100%。教师问：“同学们，降落伞合格率的难题是怎么解决的?”学生说：“后果承担者和产品生产者被捆绑到了一起。”在问题的思考过程中，教师和学生一起理清制度的价值和作用，让学生明白制度存在的目的不是为了约束权利，而是为了保障权利。

在班规的制定过程中要做到民主科学。全班同学一起讨论，确定班规应有的维度和基本原则。就维度而言，班规应该主要包括学习、生活、纪律三大方面。就原则而言，要注意班规的针对性、可操作性，内容的层次性，目的的发展性等。班主任做到有赏有罚，借助班规促进学生的成长。

（二）培养爱岗敬业精神的方法

1. 要用班主任的言行举止影响学生

师德师风就是教师的职业道德和行为作风。作为职业学校的班主任一定要克服疲倦的心态，要以积极主动的精神面对学生和工作。面对“问题”学生，不要一味地批评、处罚，教师不仅要用爱心、耐心感化他们，使其感受到重视和班级的温暖，更要言传身教，用自己爱岗敬业的精神、对待工作积极热情的态度和模范行为来感染、影响并规范学生的行为，努力引导学生做一个有良知、有道德、有责任感的人。

在班级日常行为管理中培养学生的爱岗敬业，要做到以下几点：

（1）分责设岗，培养学生认真负责的态度。在班级管理中，采取班主任引导和监督，班级日常工作分责设岗、班干部竞争上岗的工作思路，注重培养学生的管理能力和责任意识，养成学生认真负责的态度。如在选拔班干部时，首先将班内日常事务进行分组分块，将每个岗位的主要职责、范围予以公示。然后通过自愿报名的方法，进行竞选。将考勤、课堂纪律、收交作业、宣传、宿管、卫生等都落实专人管理。为了充分调动同学们的积极性，班主任要对每一位学生的管理水平进行综合考评，实行每周一小记，每月一评比。月评中被评为优秀者，在重精神轻物质的原则下给予一定的奖励。这样多渠道、全方位地给学生提供了锻炼的机会，让学生在演讲、为人处世等能力上得到了提高，更培养了学生的踏实、进取精神，增强了自我管理、自我教育、自我服务的能力。

（2）缩小范围，分组管理，增强学生的敬业意识。在班级日常管理中，还可以通过营造竞争环境，培养敬业精神。如全班同学按自愿组合的方式进行分组，每组各选组长一名，组长牵头讨论出各组的管理办法并报班委会审批后执行。每周按纪律、卫生、宣传等方面进行评比打分。评出一个改进组和一个最佳组，并上榜公布。每获一次最佳组，每个组员加德育分，并在班内给予表彰和适当的奖励；被评为改进组的所有同学与班主任一起研究改进办法。校级及以上的文明学生等各类表彰都以此为根据。

2. 工作和学习相结合

利用校办企业或者学校合作企业，让学生到企业了解工作环境，真实了解员工的“爱岗敬业”精神。

3. 以劳模英楷为范例

让一些企业劳模走进校园和学生面对面进行接触，如果条件不允许，可以让学生观看国家“五一劳模”的宣讲视频，进行学习。通过这些时代的真实例子向学生展现爱岗敬业者的敬业、乐业、勤业、精业精神。

4. 和优秀毕业生交流

请历届毕业的优秀学长学姐来学校做“爱岗敬业”讲座。重点向在校的学生分享自己求学、求职成长和成功的想法、经历等经验。让学生在学长学姐的职业成长分享中，重视自我爱岗敬业精神的培养，做好职业规划。

（三）通过创造诚信环境和树立规则意识培养学生的诚实守信习惯

诚信作为职业素养的重要组成部分，是每一个学生都必须养成的道德品质。可以从环境建设、榜样树立、活动组织等方面入手，加强对学生诚信习惯的培养，帮助学生打好就业基础。

1. 优化班级诚信教育环境

（1）建设物质环境。教室是高职生进行日常学习的主要场所，教室环境不仅影响着学生的情绪、心情，还对其道德情操起到陶冶、启迪的作用。因此，在组织高职班级管理活动的时候，以教室环境为切入点，可以和学生一起从网络渠道上收集一些与诚信有关的名言警句，打印并张贴到教室的墙壁上。要求学生每天轮流在黑板上写一个简单的与诚信有关的小故事。使学生在名言警句、诚信故事等熏陶下，潜移默化地树立诚信意识。

（2）建设制度规范环境。可以从规范制度层面入手，制定与诚信有关的制度，以此约束学生的行为，使学生在日常践行中，自主地遵守诚信道德规范，养成讲诚信的好习惯。可以与学生一起制定《班级诚信公约》。

2. 树立诚信榜样形象

榜样的力量是无穷的。在诚信教育活动实施过程中，如果教师可以为学生树立诚信榜样，则可以很好地激发学生的诚信意识。班主任可以对执教班级的学生进行观察，观察他们在校园里的一举一动，从中发现讲诚信的学生，进而树立诚信榜样。组织“诚信”主题班会，在班会上对榜样学生进行鼓励，指导他们分享诚信做人的方法，借此使学生在榜样的指导下，践行诚信行为。

（四）通过组建合作小组培养学生的团队合作意识

职业学校的学生毕业找工作时稍加留意就会发现，现在越来越多的单位在招聘考核条件中加上了要有团队精神这一条。仅凭一己之力已经很难在当下的环境中取得成功，所以每一个人都要培养自己的团队合作意识。一个具有团队精神的组织，团队成员之间具有更好的沟通、交流和合作的能力，相互信任，优势互补。因此，培养学生的团队合作能力是当今学校教育的一个重要内容。班主任可以从以下几个方面入手对学生进行教育。

1. 树立集体的共同目标

要培养团队精神，必须为班级树立一个共同的目标。只有这样，大家才能心往一处想，劲往一处使。当前有很多学生对班级活动漠不关心，面对这样的问题，如何找到一个大多数学生感兴趣的目标并不是一件容易的事情，一定要结合本班学生的实际情况来制定。例如，成为年度优秀班集体，取得体育比赛或文艺竞赛的第一名，以此为班级树立一个共同的目标，为达到目标需要每个人的努力和配合，组织学生共同参与制定规则和计划。在这个班级共同目标的激励下，学生将体现出前所未有的热忱与活力，由此可增强班级的凝聚力以及学生间的团队合作能力。

2. 组建合作小组培养学生的团队合作能力

在传统的教学中，学生的学习模式常常是各自为战，学生之间的交往较少。为了有效地改变这种状况，鼓励学生在平等自愿的基础上，依据“组内同质，组间异质”的原则把学生分成若干个合作学习小组。组成合作学习小组后，学生经常在一起学习，学生之间的交流就增加了许多，他们在交往的过程中会习得与同学之间合作的能力。

3. 通过策划一系列的活动培养学生的团队合作能力

通过策划一系列活动，使学生感受到团队合作的重要性，享受团队合作带来的快乐。

(1) 以游戏的形式进行专题培训。这种教育方式目标明确，学生乐于参加，效果明显。例如，将整节课分为三部分，把全班分为两个队，要求每个队确定自己的团队口号；每个队围成一圈进行传球游戏，学生为了获胜就互相配合，寻找最佳的传球路径。整堂课，围绕着“确定团队奋斗目标—信息互享—团队配合”进行。学生参加这些活动后深受启发，对培养学生的团队精神很有帮助。

(2) 每个学期可以和其他班级联系，举行班级之间的篮球、排球比赛。赛前要求队员之间互相配合，赛后进行总结分析，使学生感受到团队合作的重要性，同时利用班会组织学生进行讨论，使学生感受到将来自己在工作中也要与他人合作才能取得成功。外出活动时要求体质较好的学生关照体质较弱的学生。文艺比赛时，要互相配合。知识竞赛时，要发挥众人之长。

第四节　顶岗实习

一、高职班主任在学生顶岗实习中的作用

(一) 纽带作用

学生到企业顶岗实习，具有在校学生和企业员工的双重身份，必须接受学校和企业的双重管理。学校教育的基本目标是培养人才，而企业发展的目标是获取利润。学校希望在顶岗实习期间学生技术技能得到系统训练，而企业往往按照自己生产作业的需求来安排学生实习岗位和实习内容，把学生顶岗实习作为缓解劳动力紧张、降低用工成本的手段。这种冲突会使学生遇到很多问题，如岗位不适应、生活不适应、转岗问题、安全问题、加班问题等。由于学校与企业不是上下级关系，解决这些问题只能通过班主任在学生、企业、学校之间沟通，在兼顾企业利益、学校教学计划、学生切身利益的原则下协商解决。所以，班主任是学校与实习单位沟通的纽带。

在企业，领导及同事不能像教师那样，把培养学生当成自己的全部工作。顶岗实习阶段的学生处于由求学向就业的过渡阶段，心理不成熟，不了解社会，不了解自己，一时难以适应从学校到企业、从课堂到车间的转变。这就需要班主任与实习单位的师傅和领导沟通，帮助学生处理生活、工作中的各种问题。所以，班主任是学生与实习单位沟通的

纽带。

（二）引导作用

1. 引导学生调适心理，完成角色转换

顶岗实习是学生向员工转变的过渡阶段。由于学校的教学环境、教学设施与企业生产环境不同，学生对“上学”与“顶岗”，“上课”与“上班”，“在校学生”与“企业员工”之间的区别与联系的体会和理解是逐步完成的。班主任需要时刻关注学生思想动态和实际困难，对学生进行适当引导，帮助学生克服个人想象与社会、公司实际情况的落差所带来的心理不适。

2. 引导学生准确定位，根据个人特点和社会需要完善职业规划

从学校进入职场，每一位职场新人都需要迅速、准确找到自己的定位。然而，个人的发展不可能一蹴而就，都会有一个比较艰难的过渡期。班主任要帮助顶岗实习学生学会了解自己、了解职业、了解社会，根据社会的需要和个人的特点进行职业规划。

3. 引导学生融入企业文化，建立良好的人际关系

企业文化是企业中形成的文化观念、历史传统、共同价值观念、道德规范、行为准则等企业的意识形态。班主任要引导学生接受优秀企业文化的熏陶，使学生在思想意识、行为习惯上能尽早适应企业的要求。第一，引导学生积极学习，熟悉企业文化，告诉他们工作中的每一段经历都是很好的学习机会。第二，帮助他们端正心态，入乡随俗，遵守企业的惯例、潜规则等。第三，督促学生主动沟通，切勿拘谨，在工作中，会遇到各种问题，要主动与师傅、领导、同事交流，得到他们的帮助。总之，帮助学生建立良好的人际关系，为将来就业打下良好的基础。

4. 引导学生加强职业道德修养，养成“干一行，爱一行”的职业品质

职业道德修养是从业人员按照职业道德基本原则和规范，在职业活动中不断自我教育、自我改造、自我完善所形成的职业道德品质以及达到的职业道德境界。班主任应引导学生自律自觉，遵守职业道德基本原则和规范，坚信行行出状元，树立爱岗敬业、诚实守信的职业观。

（三）安全作用

学生顶岗实习期间的安全问题有两个方面，工作现场的安全和工余时间的安全。

在工作现场，学生直接与生产设备打交道，必须遵守规章制度和操作规程，班主任有责任配合企业对学生进行安全生产教育，提醒、说服他们注意人身安全和生产设备的安全。

在工余时间，学生比在学校更接近社会，社会不良风气对学生的影响概率增大，如果学生的纪律、法制观念不强，就容易参与社会违法乱纪活动，班主任要对学生进行法制教育，把纪律要求、法律意识变为学生的遵纪守法的自觉行动，此外，顶岗实习期间学生情况复杂，有住单位宿舍的，有租房住的，还有住家的，他们年龄小、生活能力不强，班主

任要经常对他们进行用火、用电安全教育和交通安全教育。总之，班主任要通过反复强调和提醒对学生进行以生产安全、人身安全和遵纪守法为重点的安全教育和法纪教育。

二、高职学生顶岗实习中的常见问题与解决办法

问题一：缺乏职业意识

学生对自己将要从事的职业认识不足，对自己将要从事的职业的工作环境、工作特点及性质等认识不足，同时又对自己专业技能、能力估计过高，缺乏一定的职业规划，难以摆正位置从生产第一线做起。其实很多岗位是很难立即胜任的，所以很多企业都要先培训再上岗，或者是员工自己不断积累经验以达到上岗的要求。

解决办法：加强对学生的职业指导

从学生入学开始，班主任首先要充分利用班会和主题教育系列活动，使每个学生都能充分了解自己将要从事的职业的工作环境、职业特点，了解自己将可能会从事哪些具体的工作以及岗位要求，逐步清晰自己的职业前景。其次，班主任要学会使用前面的职业兴趣以及技能分析工具为学生选出匹配度最高的工作岗位。

此外，还要鼓励学生利用假期多进行职业调查，接触社会，了解企业，真切感受职业文化。鼓励学生利用假期深入到企业生产一线，触摸企业的脉搏，了解企业价值观。

问题二：对顶岗实习的意义认识不足

学校的教学环境、教学设施与企业生产一线有一定的差距，所以学生需要通过顶岗实习这种教学形式到企业生产一线去学习，积累经验，提高自己的职业技能和职业素养，为今后就业做好准备。但相当一部分学生对这点认识不足，只注重眼前的实习薪酬，看不到技能、经验提升等潜在“薪酬”，当达不到自己的薪酬要求时，就抱怨、态度消极，甚至擅自离岗。

解决办法：加强对顶岗实习意义的宣传

通过宣传和教育，使学生明白顶岗实习的目的是锻炼自我，使自己具备适应社会、适应企业的能力。学生参加企业生产实习的过程，既是理论联系实际、培养解决实际问题能力的过程，又是提高操作技能、培养独立工作能力的过程，更是经受社会实践锻炼、培养职业意识，养成良好职业纪律、职业习惯，接受社会挑选，不断提高自身素质，为今后就业创业打好基础的过程。

问题三：基本职业素质欠缺，缺乏吃苦精神

高职院校很多学生由于在学校一年半到两年的学习生活中未能养成良好的行为习惯，所以到企业后依然我行我素，无法适应企业严格的管理制度；缺乏责任心，事事以自己利益为重，不考虑企业的利益；特别是有些家庭条件比较好的学生，怕苦怕累，无法适应岗位工作。

解决办法：加强行为规范和纪律教育

学生的日常行为规范教育是学校教育学管理最基础的方面，也是学生养成良好习惯必不可少的途径。第一，通过主题班会进行集体教育和课下个人教育，使学生充分认识到良好行为规范的养成对自己职业生涯发展的重要性。让学生把自己的日常行为与企业的要求联系起来，严格要求自己，逐步提高职业素质。第二，强化日常管理。平时，把强化学生组织纪律管理、抓学生的行为习惯作为学生日常管理的首要任务。从起床、早操抓起，从课堂纪律抓起，从就餐、就寝抓起，促使学生养成良好的行为和学习习惯。

问题四：为人处事能力较差，不会沟通

高职生缺乏社会阅历，学校生活比较单纯，与社会的接触十分有限。实习期间该如何处理人际关系，如何与同事领导进行正面良好的沟通，让他们颇感困惑和烦恼。

解决办法：加强学生人际交往能力的培养

第一，班主任要真诚地去爱每一个学生，善于发现他们的优点，学生只有在得到充分的肯定、尊重后，才会自信，才会愿意与人交往，而不会一味地逃避，封闭在自己的世界里。

第二，在日常生活中，要加强学生心理健康方面的教育，适时教会学生一些社交礼仪和有效沟通的技巧。引导学生正确处理人际交往中的冲突，主动并乐于与人交往，为走向社会做好充分准备。

第三，班主任要根据在校学生的不同发展阶段，经常组织开展各类实践活动，如社会调查、社会服务及各类文娱体育竞赛活动，在增强班级团队凝聚力的同时，强化学生人际交往等职业素质。此外，班主任在平时要建立并完善与学生和学生家长沟通的平台，在顶岗实习中及时了解学生的思想动态，处理好学生在顶岗实习过程中出现的各种意外情况，切实帮助学生解决实际问题，以帮助学生缩短适应期，顺利实现与工作岗位的对接，为学生将来成功的职业生涯打下良好的基础。

第七章　突发事件处理

第一节　安全事故

一、火灾

（一）火灾在校园中的发生原因

火灾在校园中的发生原因有以下几点：

1. 违章点蜡烛

学校一般都有规定，宿舍晚上会统一断电熄灯，但个别学生在熄灯后点蜡烛。有时候学生睡着了，忘记吹灭蜡烛或者没有吹灭干净，就会因为烛火点燃其他物品引发火灾。

2. 违章点蚊香

点燃的蚊香温度有700℃左右，而布的燃点为200℃，纸张燃点为130℃，若这类可燃物品靠近点燃的蚊香，极易燃烧从而发生火灾。

3. 违章吸烟

烟头的表面温度为200～300℃，中心温度为700～800℃，一般可燃物的燃点大多低于烟头表面温度，若点燃的烟头遇到可燃物，就能引起火灾。

4. 违章使用电器

个别学生在宿舍使用一些禁止使用的电器。例如，冬天学生常用来烧水的小电器，有时候出门时忘记关掉，最后引起火灾。

5. 违章烧废物

有的学生在宿舍内烧废纸等，若靠近蚊帐、衣被等可燃物，或火还未彻底熄灭时，人就离开，火星飞到这些可燃物上，也会引起火灾。

6. 违章树林草坪用火

如在树林草坪吸烟、玩火、野炊、烧荒，都可能引发火灾。因树林地下有较多落叶和枯草，特别是冬季草坪枯萎，天气干燥，一遇火源，极易引发火灾。

针对以上原因，平时要注意对学生进行以下教育：

(1) 在集体宿舍、教室等场所内不要私自乱拉乱接电源。

(2) 不在学校抽烟，不在蚊帐内点蜡烛看书，在宿舍内点蜡烛和蚊香时要有人看护。

(3) 不存放易燃易爆物品。

(4) 不乱焚烧纸张杂物，更不能往楼下扔燃烧着的纸张等杂物。

(5) 各种照明、加热设备不要靠近枕头、蚊帐、被褥、衣物等易燃物。

(6) 不要擅自使用煤油炉、酒精炉、液化气、热水器等。

(7) 离开宿舍、教室等场所应及时切断电源。

(二) 逃生

小型火苗可用灭火器扑灭，若火苗有发展趋势，须从烟火中出逃，要用打湿的毛巾或打湿的衣物紧按在嘴和鼻子上，俯身弯腰行走。如遇到浓烟，应匍匐行走，因为浓烟常在离地面 30 多厘米处四散。

发生火灾时班主任的处理流程见图 7-1。

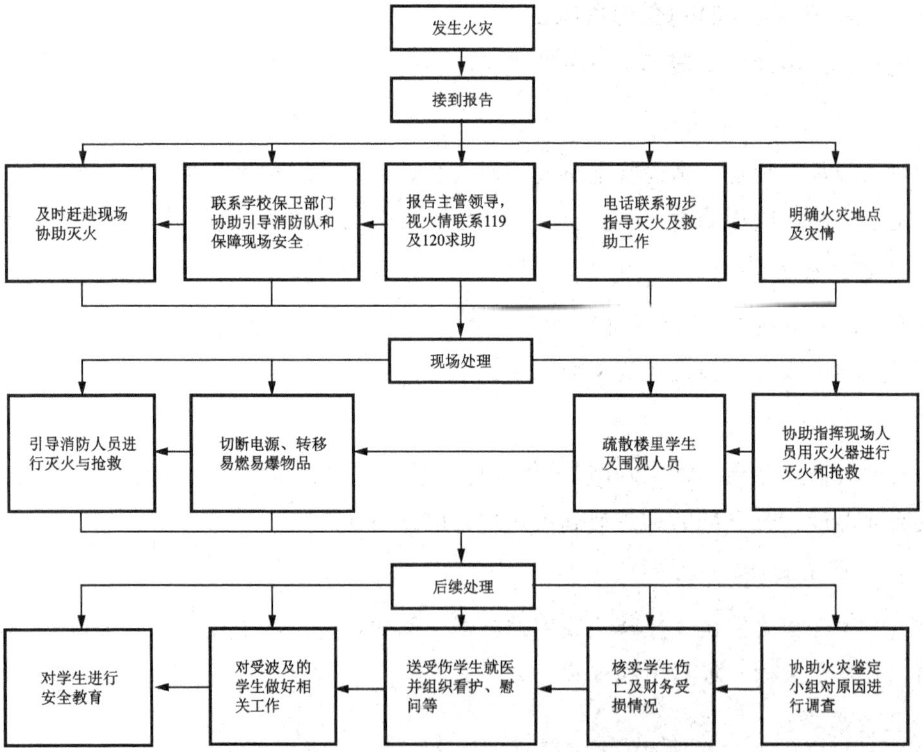

图 7-1　发生火灾时班主任的处理流程

二、触电

发生触电事故时班主任的处理流程见图 7-2。

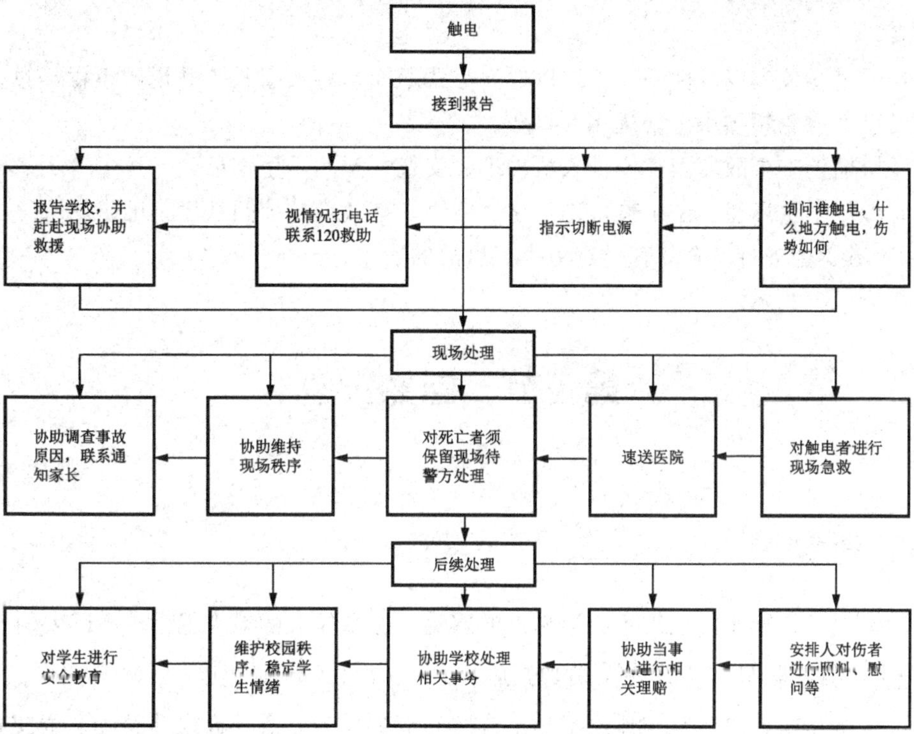

图 7-2　发生触电事故时班主任的处理流程

注意事项：

（1）班主任接到报告后，简要询问来报者，确认是何人触电，在何地触电，触电者伤势如何。

（2）通过电话指示相关人员尽快切断电源，提醒救护人员不要带电抢救触电者。触电解脱的方法是：先切断电源，若一时无法切断电源，可用干燥的木棒、木板、绝缘绳等绝缘材料解脱触电者，用绝缘工具切断带电导线。抓住触电者干燥而不贴身的衣服，将其拖开，切记要避免碰到金属物体和触电者的裸露身体。

（3）视情况，打电话联系 120 请救护车前来救助。发现触电事故的人员应当在第一时间抢救触电者，并让在场人员拨打 120 求援，同时向学校主管报告。抢救触电者，要尽量避免在抢救时发生其他事故。

（4）报告学校突发事件应急领导小组及卫生医务部门，并立刻赶赴现场协助救援。

（5）赶到现场对受伤害学生进行救助时，如医务人员未到达，要对伤者进行现场抢救。方法是：

① 触电者神志清醒，让其就地休息。

② 触电者呼吸、心跳尚存，神志不清，应使其仰卧，周围保持空气流通，注意保暖。

③ 触电者呼吸停止，则用口对口进行人工呼吸；触电者心脏停止跳动，用体外人工心脏按压维持血液循环；若呼吸、心脏全停，则两种方法同时进行。

注意：现场抢救不能轻易中止，要坚持到医务人员到场后继续抢救为止。

（6）如有学生受伤，要协助将伤员送到医院治疗，同时安排人员到医院照料、慰问及安抚伤者。

（7）通过学校突发事件领导小组以适当方式通知当事人家长，并说明事件经过。协助学校突发事件应急领导小组处理相关事务。

（8）协助调查事故原因，安排人员护理、安抚、慰问学生伤员。

（9）做好学生思想稳定工作，稳定学生情绪，有效维护校园秩序，迅速复课。

（10）对学生进行安全教育，避免类似事故的发生。

第二节　自然灾害

一、地震

一般情况下，微小的地震不会影响人的感觉，但是较大的地震就会带来巨大的伤害。

（一）遭遇地震时，班主任的做法

（1）保持镇定，迅速有序地组织学生疏散到空旷地带，避开高大建筑物、立交桥、电线杆、高压电线等，避免学生发生踩踏和乱跑。

（2）如无法快速撤离，应告诉学生找到一些书本或垫子之类的物品保护头部，选择讲台、课桌下躲避，并用衣物捂住口鼻隔挡灰尘，地震停止后，立即离开教室。

（3）要告诫学生远离外墙、门窗和阳台，不要使用电梯，更不能中高层跳楼。

（4）告诫已经脱险的学生，震后不要急于返回室内，以防余震。

（二）参与震后搜救时，班主任的做法

（1）要注意呼喊、呻吟和敲击器物的声音以确定被困者位置。

（2）施救时避免使用铁锹、锄头、十字镐等利器刨挖，以免伤及被困者。

（3）找到被困者后，要及时清除其口鼻内的尘土，使其呼吸通畅。

（4）发现被困者但解救困难时，要先输送新鲜空气、水和食物，然后再请专业救援人员来施救。

（三）遭遇地震危险时的应对方法

（1）设法摆脱压在身上的物体，尽可能用衣物等捂住口鼻以防尘烟。

（2）用石块等硬物敲击告知外界自身受伤地点，不要盲目大声呼救，以保存体力。

（3）设法用砖石等支撑上方不稳的重物，不要随意搬动，防止再次倒塌伤害自己。

地震发生时往往会引发一些次生灾害，如燃气泄漏、火灾等。遇到这些意外情况，不要慌张，可采取下面的自救方法：

（1）发现燃气泄漏时，捂住口鼻，不要使用明火，迅速向上风方向转移。

（2）遇到火灾时，可趴在地上，捂住口鼻，等到强震过后，迅速向安全地点转移，注意逆风并匍匐行进。

二、洪涝

洪涝的发生往往有预警和前兆，学校可以做出放假等一系列应对措施，但是班主任还是要传授学生相关的知识。

（一）洪涝灾害的应对方法

（1）受到洪水威胁，如果时间充裕，应按照预定路线，有组织地向山坡、高地等处转移；在措手不及，已经被洪水包围的情况下，要尽可能利用木排、门板、木床等，做水上转移。

（2）洪水来得太快，已经来不及转移时，要立即爬上屋顶、楼房高屋、大树、高墙，做暂时避险，等待援救。不要只身游水转移。

（3）在山区，如果连降大雨，容易暴发山洪。遇到这种情况时，应该注意避免渡河，以防止被山洪冲走，还要注意防止山体滑坡、滚石、泥石流的伤害。

（4）发现高压线铁塔倾倒、电线低垂或断折时要远离避险，不可触摸或接近，防止触电。

（5）洪水过后，要服用预防流行病的药物，做好卫生防疫工作，避免发生传染病。

（二）身陷洪涝时的做法

（1）不要慌张，发现周围有人时立即呼救。

（2）放松全身，让身体漂浮在水面上，将头部浮出水面，用脚踢水，防止体力流失，等待救援。

（3）身体下沉时，可将手掌向下压。

（三）别人遇险时该如何救助

（1）发现有人溺水时，可将救生圈、竹竿、木板等物抛给溺水者，再设法将其拖至岸边。

（2）若没有救护器材，可入水直接救护。但是，即使对于会游泳的人来说，入水救人也是一种比较有难度的事情。发现有人溺水时，最好不要贸然下水营救，应立即大声呼救，或利用救生器材施救。要运用最安全的方法救援，能在岸上施救的，绝不要下水施救；能用器材施救的，绝不要徒手施救。

第三节　医疗卫生类突发事件

医疗卫生类突发事件，是指突然发生，造成或者可能造成社会公众健康严重损害的重大传染病疫情、群体性不明原因疾病、重大食物和职业中毒以及其他严重影响公众健康的事件。下面主要从一些常见的传染病和突发疫情两个方面进行阐述。

一、传染病概述

（一）传染病的分类

按照传播途径的不同，传染病可分为四大类：

1. 呼吸道传染病

呼吸道传染病是指病原体侵入呼吸道黏膜以后所引起的传染病，包括流行性感冒、白喉、百日咳、猩红热、肺结核、流行性腮腺炎、麻疹水痘和流行性脑脊髓膜炎等。这些病大多发生在冬、春季节，患者和病原体携带者是主要的传染源。主要通过飞沫和空气传播。

2. 消化道传染病

消化道传染病是指病原体侵入消化道黏膜以后所引起的传染病，包括细菌性痢疾、甲型肝炎、伤寒、蛔虫病等。这些病大多发生在夏、秋季节，患者和带菌的动物是主要的传染源。主要通过饮水和食物传播，部分被病原体污染的手也可传播。

3. 血液传染病

血液传染病是指通过血液或节肢动物（如蚊、虱、蚤、蜱等）为媒介所引起的传染病，包括艾滋病、乙型肝炎、丙型肝炎、疟疾、流行性乙型脑炎、黑热病、丝虫和出血热等。患者和携带病原体的动物是主要的传染源。主要通过输入血制品和吸血的节肢动物传播。

4. 接触传染病

接触传染病是指由于直接或间接与患病的人、动物接触，或者与含有病原体的土壤、水接触，病原体经过皮肤进入人体所引起的传染病，包括狂犬病、炭疽、破伤风、血吸虫病、沙眼、疥疮和癣等，主要通过接触传播。

（二）传染病控制措施

疫情控制就是对已发生的传染病，力争控制在最小的发病范围。针对传染病流行的三个基本环节要以综合性防疫措施为基础，认真贯彻预防为主的方针。

1. 传染病登记

发现传染病疫情要做好疫情登记工作。登记的内容主要有患者的姓名、性别、病名、详细地址、发病时间、确诊时间等。

2. 传染病疫情报告

责任报告单位和责任报告人发现传染病疫情时，按规定的时限报告传染病。按照《学校和托幼机构传染病疫情报告工作规范（试行）》规定，学校确定一名疫情报告责任人，发生疫情的学校校长或幼托机构主要领导是报告第一责任人。

对尚未明确诊断的下列情况，学校疫情报告人首先核实情况是否存在，若情况属实，应当在24小时内以最方便的通信方式向属地疾病预防控制机构报告相关信息并请求派人进一步核实疫情，同时向属地教育行政部门报告（可先非正式报告，待疾控机构核实后再正式报告）。

（1）当在同一宿舍或者同一班级，1天内有3个学生或者连续3天内有5个以上学生出现相似症状（如发热、皮疹、腹泻、呕吐、黄疸等）或者共同用餐、饮水史时；

（2）个别学生出现不明原因的高热、呼吸急促或剧烈呕吐、腹泻等症状；

（3）学校发生群体性不明原因疾病或者其他突发公共卫生事件时。

3. 控制传染源

不少传染病患者在发病以前就已经具有传染性，一般在刚刚表现出传染病症状的时候，传染性最强。因此，对传染病患者要及时送往医疗机构，尽可能做到早发现、早诊断、早报告、早治疗、早隔离。对与患者有过密切接触的人，则及时采取检疫措施，如隔离、定期检查、应急接种或药物预防，防止传染病蔓延，这是预防传染病的一项重要措施。

4. 切断传播途径

切断传播途径的方法，主要是针对相应传染病的传播途径进行空气、水、物体表面等消毒工作，做好个人卫生和环境卫生。消灭苍蝇、蚊子、老鼠、臭虫等传播疾病的媒介生物或患病的动物，对于控制传染病的流行能起很大作用。

学校发现传染病患者后，除及时将患者隔离治疗外，还应及时对患者居住的宿舍和学习活动场所进行消毒处理，持续时间为该病最长潜伏期，直到没有发现新患者。

5. 保护易感者

在传染病流行期间应该注意保护易感者，不要让易感者与传染源接触，并且让易感者进行预防接种，提高易感人群的抵抗力。对易感者本人来说，应该积极参加体育运动，锻炼身体，增强抗病能力。

二、发生传染病疫情时班主任的处理流程

发生传染病疫情时，班主任的处理流程见图7-3。

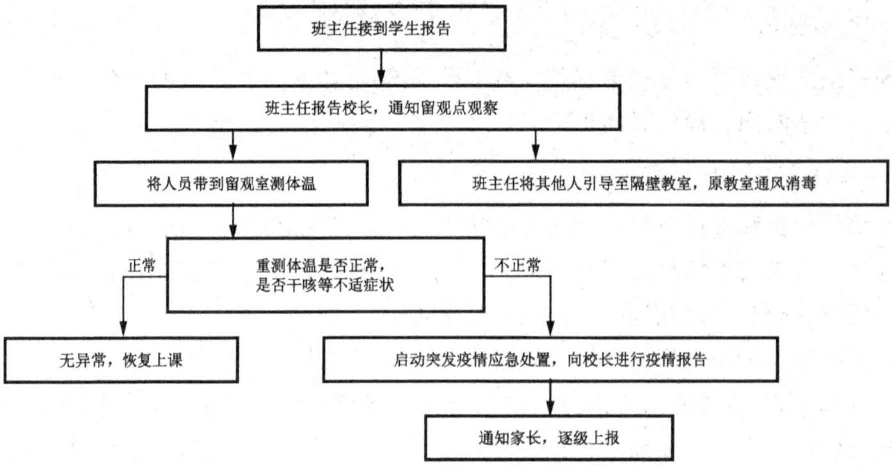

图 7-3　发生传染病疫情时班主任的处理流程

第八章　班主任的专业化发展

李镇西在《在反思中成长》中讲到，“对于一个班主任来说，推动其教育事业发展的应该有两个轮子，一个叫作‘情感’，一个叫作‘思考’。教育情感使他热爱学生，忘我地工作，并从中体验到奉献的自豪；教育思考使他明确自己的教育方向，科学而理性地设计、实施自己的教育，同时不断地总结、提炼、升华自己的教育实践。因此，做一个反思型班主任，在反思中提高自己的专业化水平，应该成为我们的不懈追求”。

高职班主任专业发展已成为时代发展的必然要求。作为一项专门性的工作，高职班主任应当具有更强的先进性和前沿性，承担更明确的职责，具备更专门的知识，拥有更专业的能力，运用更富技巧的方法，这样才能更好地履行自己的职责。因此，高职班主任要走专业发展之路，以适应经济社会发展的需要，适应日益深化的高等教育改革与发展的需要。

第一节　班主任专业发展概述

一、高职班主任专业发展的内涵

班主任作为教师群体中的中坚和骨干，是联系校内外各种教育力量、形成教育合力的纽带和桥梁，是班集体的组织者和建设者。他们的工作性质不仅具有教师的共性，而且还有其特殊性。学生是有血有肉有感情的人，因而班主任不仅要学会对学生精神生命的关怀，能与学生心灵沟通，尊重、期待和信任他们，还要具备组织、教育、管理班级的知识和能力，保证班级教育中各子系统的有效运作，并充分发挥其教育功能，这是班主任专业发展的基本内容。

班主任以育人为己任，与学生接触的时间最长，频率最高，影响最大，与学生的关系最密切。从专业精神上讲，更强调敬业奉献；从专业道德上讲，更强调人格的魅力；从专业技能上讲，更强调科学管理；从专业素养上讲，更强调知识的宽厚和爱好的广泛。班主任专业发展是一种特殊类型的教师专业发展，教师专业发展的含义同样适用于班主任的专业发展，但两者又不能完全等同。班主任的专业发展是教师专业发展的深化与发展，因为班主任是教师队伍中的“双职业生涯者”，他们一方面是学校中最基层的管理者，校长的办学思想、学校的规章制度、教育教学的绩效管理与评价，都通过班主任一人来体现；另一方面，班主任常常也由主课教师担任，他们是教学能手、业务骨干、科研带头人，他们的工作任务比一般任课教师要复杂和艰巨得多。因此，一名优秀的班主任首先是一名优秀的教师，而一名优秀的教师不一定成为一名优秀的班主任。担当班主任，需要其有特定的素质与能力，并非人人都适合做班主任。教师需要专业发展，班主任更需要专业发展。

班主任的专业发展也包括职业群体和个体两个层面的意义。从职业群体的角度看，班主任专业发展是指班主任在整个职业层面上逐渐达到专业标准的过程。从班主任个体的角度看，班主任专业发展是指班主任的内在专业精神、专业知识、专业能力不断更新、演进和丰富的过程。二者紧密联系，相互作用，缺一不可。后者是前者的基础，没有个体的专业发展，就不可能实现群体业发展。个体专业发展是一个职业上升为专业的必要条件，也是一个专职业保持、巩固其专业性地位的必要条件。班主任专业发展不论从职业面还是从个体发展层面，都不是一个轻而易举的过程，而是一个长期的、充满困难和艰辛的过程，同时又是一个持续不断的发展过程。

二、高职班主任专业发展的特征

（一）专业复杂性

班主任工作是一项服务性工作，其对象是学生，而学生个性或学生群体始终处在一个复杂多变的过程中。具体表现为：一是大学生正处在一个人生观、世界观、价值观形成时期，学生要面对喜怒哀乐、美丑好恶等各种情形；二是大学生正处在身心快速成长时期，需要一个正确的指导才能得到协调的发展；三是大学生正处在一个知识积累增长时期，层出不穷的新概念、新文化、新技术等新知识都要辨别；四是大学生正处在能力素质的提高时期，学习、工作以及面对社会的适应性都要锻炼。因此，这种复杂多变的过程，决定了班主任专业的复杂性。

（二）专业创造性

班主任工作不仅是专业性很强的工作，而且是比学科专业更具有创造性的专业发展劳动。首先，班主任面对的学生不仅个性差异很大，而且可塑性也很大，需要班主任有针对性地开展工作；其次，班主任工作的核心职责是指导学生开展各种活动，则在其中会遇到一些事先预料不到的情况，即出现偶然发生的问题，需要班主任灵活机敏地处理；再次，班主任工作是管理学生的工作，没有统一的模式，既不能照抄照搬他人的工作经验，又不能靠惯例、经验行事，需要班主任智慧地、开拓性地开展工作。这一切决定了班主任工作是一项创造性的工作。

（三）专业自主性

专业自主性即专业自主权，是指班主任作为专业活动主体，在遵循社会教育规范及教育规律的前提下，自由地选择教育行为，并不断地追求自我超越的教育自主的权利。从学校层面看，班主任作为班级工作的主体对班级的管理拥有自由、自主的权利，其行为指导才能得到协调的发展；从法理层面看，班主任是教育法律的主体，既拥有宪法规定的基本权利，同时也拥有特殊的教育权利，而且这种特殊的教育在班主任权利体系中属于核心地位；从实践层面看，班主任专业自主权不是死板的条文规定，而是随着主体性的变化而不断发展变化的活性权利，体现了班主任自主发展的自我超越境界。

（四）专业形象性

专业形象就是指教育教学活动主客体产生影响的表现的总和。班主任专业形象就是指班主任在指导、管理班集体以及学生个体过程中能潜移默化地影响学生的表现的总和。它是班主任的基本素质，包括仪表、语言、行为、教育等形象。仪表形象就是衣着得体，举止大方，神情端庄，态度和蔼，和学生交朋友；语言形象就是对所讲内容反复推敲，仔细提炼，做到通俗易懂，言简意赅；行为形象就是在做履行教师职业道德规范表率的同时，还应该给学生日常行为规范做好表率；教育形象就是要组织好每一次活动，营造班级生动活泼的氛围。因此，面对素质教育和创新教育的实施，尤其在新课程背景下的学生管理工作，班主任更要注意自身形象的塑造。

（五）专业渐进性

班主任专业发展是一个渐进的过程，而且班主任的专业理论素养、专业知识结构、专业管理技能都是在班主任工作实践中获得的。一方面，班主任的成长需要长期培训。通过培训获得班主任工作的间接经验，缩短成长周期；另一方面班主任的成长还需要经过长期积累和锻炼，从而获得班主任的直接经验。这是班主任专业发展的根本途经。

三、高职班主任专业发展的意义

（一）有助于提高班主任的社会地位

不同的职业由于专业发展水平不同，其社会地位就会有很大差异。由于从业人员在掌握专业知识和技能、履行社会职责的过程中要花费更多的社会必要劳动时间，所以其专业群体会拥有更多的社会地位资源，如权力、工资、发展前途、工作条件、职业声望等。因此，对于一些新兴职业来说，其专业发展的过程就是提升职业群体社会地位的过程。班主任是社会分层中的一个阶层，其专业发展的一个重要目标就在于争取应得的地位和权利，力求集体向上流动。从现实情况来看，班主任社会地位和学术地位的提高，尽管与政府的重视和社会、家庭的信赖有关，但仅靠改善待遇和提高声誉是远远不够的。班主任只有自己行动起来，努力提高专业知识和专业能力水平，使自己从“经验型”的班主任向“研究型”“专家型”班主任发展，使自己的专业成熟程度不断提高，真正成为训练有素的不可替代的角色，才能从根本上改变班主任的职业形象，提高其社会地位和学术地位，使班主任工作成为令人尊敬和羡慕的职业。就班主任个体来讲，要时刻面对上级主管及学校领导的审视，面对学生的期待，面对同行教师的关注，如果不练就建设班集体的真本事，到头来不但得不到上级主管的认可、同事们的钦佩，而且也得不到同学们的拥戴。因此，班主任要想得心应手地做好自己的工作，树立自身的良好形象，就必须持之以恒地参与进修学习和教育科学研究，不断提高专业水平，成为“专家型”班主任。

（二）教育自身发展的需要

随着知识的迅猛增长和教育改革的不断深化与发展，社会对教育工作者专业发展问题的关注达到了前所未有的程度。可以说世界各国教育改革方案和学校改进计划都强调高水平的专业发展的必要性。早在1966年，国际劳工组织和联合国教科文组织在《对于教师地位的建议》中就提出：“应把教育工作视为专门的职业，这种职业要求教师经过严格的、持续的学习，获得并保持专门的知识和特别的技术。”把教育工作视为专门职业，要求教师职业的专业发展，同样也要求班主任职业的专业发展，其重要性丝毫不亚于教师专业发展。

（三）有助于加强班集体建设，提高学生管理水平

班级是学校进行教育教学工作的最基本单位，是学生个体接受各种教育影响的最集中、最丰富、最重要的社会化场所，所以班集体建设水平的高低直接影响着学生德育是否健康发展。而良好班集体的形成需要班主任精心的组织与培养。因为班主任既是班集体的建设者和管理者，又是学生的严师、慈母和朋友，他们不仅要组织、实施学校的各项工作计划，而且直接影响和决定着班集体的精神面貌，乃至学生身心健康发展的趋向。正是因为班主任工作的特殊地位和作用，所以其专业发展才有其独特的意义和性质。班级德育和班集体的建设是一项极其复杂、专业性很强的工作，它不仅需要班主任具有先进的教育理念和崇高的人格魅力，而且更需要豁达的教育智慧和厚实的专业基础与能力。虽然影响班级德育和班集体建设水平的因素很多，如校风、学生自身素质、师生合作、沟通的程度等，但班主任自身的素质水平是最关键的因素。班主任只有不断地提高自身的专业水平，认真处理好教师主体和学生主体、刚性管理和柔性管理、物化环境和心理环境的关系，才能使学生的道德品质和班集体发展水平迅速提升，促进学生身心的健康成长。实践证明，班主任的专业成熟度越高，学生思想素质提高的速度就越快，班集体建设的水平就越高。

（四）有助于促进学生人格的健康发展

班主任工作是一种以情育情、以心育心、以德育德的精神劳动，它更需要自身以高尚的人格魅力影响感化学生。在实际工作中，班主任老师要比其他任课教师更加注重诲人不倦的工作方式和严于律己的工作态度。对于学生尤其是学习、生活上有困难的学生，班主任不能厌恶、排斥，而要更加关照他们，以极大的热情和耐心教育他们，感化他们。为此，班主任老师必须在教好功课的基础上，努力强化个人的道德修养，尊重信任学生，关心热爱学生，身教与言教结合，建立民主平等的师生关系。同时，班主任工作又是一门艺术性很强的学问，无论是班集体的建设、主题班会的召开，还是良好氛围的营造、表扬与批评都需要艺术，学生心灵的净化与精神的健康更需要高超艺术的铸就。所以，班主任必须充分了解每个学生的思想脉搏和心理特点，力争做到所说的每一句话都有根有据，有的

放矢。同时还要注重自己的修养，控制好表情、声调和褒贬程度，将深刻的道理蕴含于通俗易懂的语言中，做到晓之以理，动之以情。没有班主任的专业发展，就不可能实现上述目标。

第二节　班主任专业发展的取向

一、高职班主任专业发展的理智取向

理智取向是高校班主任专业发展取向研究产生较早、也普遍得到大家认可的一种观点。高职班主任专业发展的理智取向认为，班主任职业之所以能成为专业，就在于它建立在坚实的知识技能基础之上。它主要是基于这样一个基本假设，即知识技能的获得是行为变化和完善的基础条件，理论能够指导专业实践，班主任借助于教育理论的掌握与应用，就能把学到的知识技能转化为良好的专业实践。在教育教学实践活动中，关于教育教学是科学还是艺术，一直是一个争论的热点话题。这种争论反映出教育教学专业对于“确定性”的需求，这种需求过去存在，现在存在，将来也依然会存在。因而为教育教学专业确定一个科学与坚实的知识技能基础，就成为高校班主任专业发展理智取向的核心关注点。在美国著名的霍尔姆斯小组对教师专业发展所做的调查报告《明日之教师》一书中，就曾明确指出：提高教师专业水准的重点就是要明确教师专业的知识技能基础，这样才能使教师专业发展有更为坚实的理智基础条件。从高职班主任专业发展的理智取向来看，高职班主任专业发展的重点其实就是知识技能的获得和行为的变化，因此，只有从掌握必备的知识技能入手，才能最终达成班主任行为的积极变化和不断完善。

二、高职班主任专业发展的自主更新取向

高职班主任专业发展的自主更新取向最早是由我国学者叶澜和白益民提出的。所谓自主更新，是指“教师具有较强的自我专业发展意识和动力，自觉承担专业发展的主要责任，激励自我更新，通过自我反思、自我专业结构剖析、自我专业发展计划与设计的拟定、自我专业发展计划实施和自我专业发展方向调控等实现自我专业发展和自我更新的目的”。自主更新取向高校班主任专业发展至少可以从三种意义上来使用：第一，它是以自主专业发展意识为标准考察高校班主任专业发展过程的一种分析和研究框架。它以自主专业发展意识为基本线索，把班主任内在专业结构更新与改进的规律性作为考察的核心。第二，自主更新取向高校班主任专业发展可以看作是班主任自我专业成长意识的逐渐现实化过程。自主更新取向的班主任具有较强的自我专业成长意识，他会随时保持对自身专业成长的关注，在将专业成长理论与自身成长现状相结合之后，依照自己过去的专业成长轨迹

和目前实际提出今后的发展规划，并随后将其投入实施。第三，自主更新取向高校班主任专业发展还可作为一种高校班主任专业发展的新取向和理念。自主更新取向高校班主任专业发展主要是从自我专业成长意识所关注的重点与所达到的水平两方面展开的，它把高校班主任专业发展阶段划分为非关注、虚拟关注、生存关注、任务关注和自主更新关注等五个阶段。高校班主任专业发展的基本循环是其发展的一般过程，通过外在各种影响因素与班主任内在结构从矛盾走向调整和更新、不断发现和解决问题的过程，形成高校班主任专业发展的一种内在动力机制。

三、高职班主任专业发展的实践反思取向

班主任专业发展的实践反思取向最早是由美国心理学家波斯纳提出的。他在进行教师专业发展研究时，总结了著名的教师专业发展公式，即“教师专业发展＝经验＋反思”。他认为，没有经过反思的经验只是一种狭隘的经验，至多也只能形成相对肤浅的知识，如果一名班主任仅满足于获得经验而不对经验进行深入的思考，那么其自身的专业成长必然会受到很大的限制。高校班主任专业发展的实践反思取向假定：新知识的创造和传递不是大学或研究中心的专利，班主任不是储存他人观念的简单容器，班主任的工作绝不是仅将所学到的知识用于实践。决定班主任工作的不是外在的理论知识，而是内隐于班主任教育教学实践之中的、比较难以表达的缄默知识。班主任专业发展的实践反思取向认为班主任专业发展的根本目的并不在于外在的技术性知识的获取，而在于通过一定形式使班主任对自身及其专业活动直接相关的事物有更深入的理解，发现其中蕴含的重要意义，从而促成班主任的反思性实践。高校班主任专业发展的实践反思取向强调班主任专业水平的提高不是通过外在培训，从专家那里获得理论知识来实现的，而主要依赖于班主任个人或集体的探究与发现；它特别重视实践，强调实践本身所包含的丰富内涵，关心班主任实际上知道些什么，并在这个基础上提出班主任的专业成长的设想。基于这种高校班主任专业发展的价值取向，高校班主任专业发展的方式主要可以通过撰写日记、传记、构想、文献分析等方式单独进行反思，也可通过讲故事、信件交流、班主任交流、参与观察等方式与人合作进行反思。通过这些反思方式，可以不断加强班主任对其自身教育管理实践的深入认识，并在此基础上提升教育管理实践效果。

四、高职班主任专业发展的生态取向

班主任专业发展的生态取向最早是由我国学者提出的。生态取向下高校班主任专业发展主要是从整体的、情境的和联结的视角出发，提倡在班主任群体合作、和谐共生的基础上，关注高校班主任专业发展所处的文化氛围、专业背景以及社群关系，认为高校班主任专业发展是班主任个体、班主任群体与外部环境之间互动发展的产物，强调通过外部环境以及社群关系来促进班主任的专业成长。生态取向将高职班主任专业发展置于生态系统之中，在生态视角下看待班主任的专业成长，尊重和关爱班主任的自然生命，注重班主任的

生命价值和意义实现，凸显班主任生命的创造性、独特性和互动性。生态取向致力于把班主任从教育教学的现实境域的禁锢中解放出来，实现班主任在开放环境中的互利共生，从而达成班主任自我价值与社会价值的和谐统一。

生态取向下高校班主任专业发展主要表现出以下几个特征：一是自主性。从生态学的观点出发，生态系统是一个典型的自组织系统。自组织与他组织相对，它更强调系统自身的主动性与能动性，认为系统是通过自我生长、自我发展、自我循环更新而自主建构的。生态取向下高校班主任专业发展秉承了自组织的理念，强调高校班主任专业发展的动力并非来自外部的规约或赋权，而是来自内部的自主和超越。班主任自觉主动地追求自身内在专业品格、专业素养的不断完善，自主地选择发展方式和学习内容，自主地对自身成长过程给予充分的关注和反思，并自主地对自身专业成长做出中肯的评价。二是开放性。生态系统始终与外界环境进行着物质、能量以及信息的交换，并伴随外界的发展变化而不断进行更新和调整，以此来维持系统的生命与活力。因此生态系统不是静止封闭的，而是动态开放性的。学校生态作为一个开放的有机统一体，总是与外界进行着互动交流。对于生态取向的高校班主任专业发展而言，班主任无时无刻不受到外部环境的影响和制约。班主任必须以开放的心态，与系统外的环境保持密切的联系，并及时获取有价值的信息和资源，不断地修正自我和超越自我，从而促进自身专业成长。三是共生性。生态系统中的各个因素之间是相互作用、相互影响的，其中一个因素的变化往往会影响另一些因素的相应变化。正如有学者指出的那样："在生存方式上就表现为一种共生态，也就是说一些要素的存在状态以另一些要素的存在状态为条件，一方存在状况的变化直接或间接地对另一方的存在状况产生影响作用。"生态取向下高校班主任专业发展的共生性主要涉及班主任主体之间的相互关系。班主任之间要打破传统的业务封锁、各自为战的观念，由封闭孤立走向合作共享。在共生理念引导下，班主任之间沟通协作，共享知识经验，激发合作动机，孕育共同发展愿景，取长补短，不断完善自身的专业知识、技能和经验，从而更好地实现自身的专业成长。

五、高职班主任专业发展的生命取向

班主任专业发展的生命取向是由华东师范大学叶澜教授首先提出并加以论证的。他认为，从生命的高度用动态生成的观点来看课堂教学，包含着多重丰富的含义。而其中最重要的就是课堂教学应被看作师生人生中一段重要的生命经历，是他们生命的有意义的构成部分。对于学生而言，课堂教学是其学校生活的最基本构成部分，它的质量直接影响学生当前及今后的多方面发展和成长；对于教师而言，课堂教学是其职业生活的最基本的构成部分，它的质量则直接影响教师对职业的感受、态度和专业水平的发展以及生命价值的体现。这种对教师生命的关注，打破了一直以来只从社会发展需要角度对教师提出种种要求，对教师职业角色进行片面、静止的研究的弊端，更加注重教师在职业生涯中个体生命的意义，重视教师在教育教学过程中生命本质和高级需要的满足，从而把教师真正看成是情感丰富、蕴含着巨大生命活力和个性魅力的人。

生命取向的高校班主任专业发展就是以尊重和关爱班主任的自然生命为基础，以实现班主任的生命价值和意义，彰显班主任生命的创造性、独特性和自由性为最终目的。它致力于将班主任从现实中的各种桎梏中解放出来，培养热爱教育事业，关爱学生，把自己的整个生命都融入教育教学之中，把教育教学活动当作实现自己生命意义的历程，在教育教学中付出着、体验着、收获着、快乐着。这样的班主任能够真正用自己的生命来诠释教育教学活动，用自己整个的心灵经营教育教学活动，用独特而有品质的个性魅力来实践教育教学活动，在所钟爱的教育教学事业中实现自身的生命价值，并最终收获生命的幸福感和成就感。

第三节　班主任专业发展的动力

客观外界一切动植物的成长，都有深层的动力支撑和驱动，如果没有这个动力，动植物也就不可能更好地成长。高校班主任专业发展与动植物的成长一样，也离不开各种动力支持。可以毫不夸张地说，高校班主任专业发展动力是一切促进高校班主任专业顺利成长的各种力量的合成，是高校班主任专业发展的积极势头及其应对教育教学实践活动的专业智慧和潜能。有学者研究指出，高校班主任专业发展动力主要是由生发层、操作层和实践层三个不同层面构成，而成长驱动力、成长操作力和成长聚合力则是高校班主任专业发展动力的具体表现。

一、生发层：班主任专业发展驱动力

动植物的成长依赖于成长动力的产生和持续供给，与之类似，高校班主任的专业发展也离不开成长驱动力的激发与支持。具体而言，高校班主任专业发展的驱动力主要包括以下三个方面：首先，高校班主任专业发展本能性驱动力。这种驱动力是高校班主任一旦投身教育教学工作就会自然产生出来的，它源自于高校班主任在教育教学实践活动中实现自身职业生存的本能要求，它一般不需任何外部力量的介入就可以自发而成。作为动植物的一种本能，成长是其适应客观外部环境的深层需求和生命需要，是动植物发展的基础与开端。高校班主任专业生长的最根本目的就是确保自己在教育教学专业领域中的生存，因而成长本能驱动力是贯穿于高校班主任专业发展历程的一种最原始的推动力量。其次，高校班主任专业发展情境性驱动力。在具体的教育教学实践活动中，高校班主任的专业发展不是缺乏根基的空中楼阁，它深深根植于鲜活多样的教育教学情境之中，那些高校班主任不能顺利应对的教育教学情境就会成为一种实践难题和认识困境，高校班主任必须千方百计寻求出路，加以解决。因此，我们可以清楚地看到，“正是这种实践性的问题情境引导着高校班主任走向专业化发展之路”。高校班主任不仅生活在教育教学情境之中，而且还生活在与学生共建的课堂教学情境之中，学生也在期待高校班主任的成长。学生强烈的求知

渴望与动机以及对自身成长的深深期待，每时每刻都会触动高校班主任专业发展的敏感神经，这必然也会促发高校班主任专业发展的动机和需要。最后，高校班主任专业发展发展性驱动力。所谓发展性驱动力，是指高校班主任在自身专业范围内的各种活动与竞争中所产生的一种通过自觉、主动和进取的实践行动，以及由此产生的超越他人并在专业范围内达到胜利、获得职业声望的成长需要。高校班主任专业发展发展性驱动力的形成一般都源自于高校班主任个体的专业愿景、专业情感、专业精神和专业理想，这些都是高校班主任专业发展的创造性张力和深层内驱力。正如我国学者李吉林所说的那样，促使自身专业发展的内力不是其他，而是“对教育事业的忠诚之情，对儿童和学生的挚爱之情”，是“锲而不舍，金石可镂，不断进取、永攀高峰的精神境界”。与生长性驱动力不同，高校班主任专业发展的发展性驱动力引领着高校班主任专业发展的正确方向，激发着高校班主任专业发展的理想信念，支撑着高校班主任对自身专业境界的提升和专业自我的实现。它是高校班主任专业发展的核心动力源泉，属于高校班主任自身可控可为的专业发展动力类型。

二、操作层：班主任专业发展操作力

在教育教学实践活动中，有时高校班主任虽然具备了专业发展驱动力，但它并不一定能直接促进高校班主任的专业发展，因为这种动力还只是一种可能服务于高校班主任专业发展的潜在力量，只有当它真正转化成为可以直接参与高校班主任教育教学生活建构和改进的操作力、实践力和执行力时，它才能真正成为促使高校班主任专业发展的现实力量。由此可见，高校班主任专业发展驱动力必须依赖于教育教学实践的媒介与桥梁，否则它可能会流失、耗散乃至荒废。在高校班主任专业发展中，一切有助于改变教育教学实践效能的高校班主任专业发展因素都可能与专业驱动力结合在一起，形成高校班主任专业发展的操作力。高校班主任的认识与实践、精神与信仰、人格与习惯等都有可能成为这种力量结合的对象。

在与教育认识的结合中，高校班主任的专业发展操作力体现为知识学习能力；在与教育精神的结合中，高校班主任的专业发展操作力体现为精神追求力；在与高校班主任人格的结合中，高校班主任的专业发展操作力体现为人格魅力；在与教育习惯的结合中，高校班主任的专业发展操作力体现为习惯自塑能力；在与教育实践的结合中，高校班主任的专业发展操作力体现为实践创造能力等。显然，教育精神净化、教育人格修炼、教育知识拓展、教育实践创造、教育习惯塑造等，都是将高校班主任专业发展策动力转化成为一般专业发展力的操作性渠道。之所以把它称为一般专业发展力，是因为这种高校班主任专业发展力类型更主要地服务于高校班主任的一般性专业实践，而非特殊和具体的教育教学实践，它们是从教育教学活动的一般结构中延伸出来的，是绝大多数教育教学实践活动都会涉及的成长力量。这也就是说，一旦高校班主任拥有了这些专业发展力，他们对一切外来教育教学实践类型的整体水平就会得以大幅提升。高校班主任一般专业发展力也可称之为“通用性成长力”，它是高校班主任职前专业教育活动的主要对象与任务。它一旦与具体的教育教学实践相结合，高校班主任就可能在较短的周期内达到较高的专业发展水平。高校班主任专业发展力虽然在专业教育教学实践中的存在与运用具有不可拆解性，其专业发展水平取决于多种成长力的合力，但这类专业发展力从理论上看是完全可以由具体教育教学实践中“抽取”出来，并对之进行单项发展与专业训练的。对于高校班主任来说，由于其专业学习、人格养成以及习惯塑造等专业发展活动，大都可以在真实教育教学实践活动之外进行，因而参加职前专业教育就能不断提升高校班主任的这种一般专业发展力。对于特定教育主体、教育情境或教育活动来说，高校班主任往往特别需要一种个性化的专业发展力组合方式，以此来形成对该教育主体、教育活动或教育情境卓有成效的专业发展力结构。

三、实践层：班主任专业发展聚合力

所谓班主任专业发展聚合力，是指高校班主任在解决特定教育教学问题时所展现出来的对一般专业发展力的驾驭、匹配与综合运用能力。如果一般专业发展力只为高校班主任解决具体教育教学问题提供了各种蓄势待发的力量储备，特殊专业发展力则可以使高校班主任围绕教育教学问题的解决，把上述成长力激活、配置、组装与合成，使之协调一致，共同促成对各种教育教学实际问题的有效解决。对此，美国教育家舍恩就曾指出：“实践情境具有独特事件构成的特性”，这种“独特事件呼唤实践的艺术”。由此可见，高校班主任在面对教育教学实践情境时，需要具备对多种多样专业发展操作力的选配、组装与匹配能力，这就是高校班主任专业发展聚合力。教育教学问题只存在于教育教学情境之中，教育教学问题是教育教学情境的焦点与核心，是教育教学情境与高校班主任发生紧密联系的纽带与桥梁。高校班主任专业发展的最终目的是形成对教育教学情境的适应力、应变力与干预力，增进高校班主任的专业问题分析与解决的能力，这也可以说是所有高校班主任专业发展力的根本目标与最终旨归。从某种意义上来说，高校班主任专业发展聚合力是面向教育教学问题解决、教育教学情境处理而聚合自身专业智慧、汇集各方力量的一种专业发展动力。在对一般性专业发展力的聚合中，各种专业发展操作力在班主任身上实现了优化配置，由此班主任也就具备了适应和应对各种教育教学问题与教育教学情境的能力，并由此形成了各具特色的优势专业能力，高职班主任的个性风格也会随之得以形成和不断彰显。

基于上述论述，高职班主任专业发展力是班主任在教育教学生活中实现持续化生存和发展的根本依托，是班主任的潜在能量、学习能力、人格魅力、知识优势、创造品性以及智慧机智等在教育教学活动中的集中呈现。作为影响和改变高职班主任专业存在状态的重要因素，班主任专业发展动力也就是促成班主任专业发展的所有力量的组合。班主任专业发展潜隐于班主任的身心发展过程之中，显现于高职班主任的具体教育教学实践活动之中，成功于高职班主任对教育教学环境的积极适应与灵活驾驭之时。高职班主任专业发展的方向和目标是不断走向专业成熟，专业发展动力就是一种实现班主任专业成熟的重要推动力量，是成长活力、成长能力、成长实力以及成长潜力的最完美结合。这种力量不仅包括触发高职班主任成长的原动力与策动力，而且也包括提高班主任应对一般教育教学问题的能力的准备性力量，还包括高校班主任面对具体教育教学问题整合专业发展操作力的聚合力。由此可见，班主任专业发展动力的形成从本质上来说，其实也就是由班主任专业发展的生发层逐步迈向操作层，再由操作层不断走向实践层的运动变化过程，这一变化过程也是高职班主任由不成熟走向成熟的过程，是高职班主任专业发展境界不断提升的过程。

第四节　班主任专业发展的路径

一、树立人本管理观和班主任专业发展观

首先，学校管理者应树立人本管理观。班主任专业发展首先是“教师”的专业发展，教师即教育中“人”的因素，要调动班主任专业发展的积极性，学校管理者首先要树立人本管理观。因为人本化的管理在彰显人性、尊重人格、赋予权利的前提下，给班主任的专业成长发展提供了条件和机会，点燃了班主任创新的热情与愿望。学校管理者首先应树立重视班主任、尊重班主任、团结班主任和依靠班主任的以人为本的管理思想，在管理中要承认班主任在道德水准、心理素质、学业水平、工作能力乃至个性爱好等方面的差异，尊重班主任的个性，尊重班主任的人格，而且要身体力行，理解班主任的思想情感，宽容班主任的过失，欣赏班主任的进步，让每一位班主仟拥有心理安全感，从而为班主任的专业发展搭建起良好的心理平台。其次，学校管理者和班主任自己要确立班主任专业发展发展观。我国学者杨连山认为，目前班主任存在教育观念亟待更新，教育行为需要规范，专业理论匮乏，专业能力不强，缺乏专业自主，专业个性不强的问题。受传统观念的影响，社会和公众不仅对班主任职业的专业性认识模糊，而且对班主任专业的性质存在极大的误解，长期以来班主任被看作是人人能为的、不具有专门学问的工作。只要是教师就能当班主任，只要是教师就得当班主任，把当班主任的年限作为职称晋升的条件之一，因此，有相当一部分教师是为了晋升职称，而不是真正从培养人的高度而考虑当班主任的，导致有些班主任对工作缺乏事业心、责任心，只求平安无事，不去开拓创新。有些教师缺乏当好班主任所应具备的专业理论、专业技能和艺术，给学生的健康成长和全面发展带来了一定的消极影响。为此，现代班主任应当成为具有专门的职业理论、专门的职业道德、专门的职业技能的专业工作者。由此可见，转变观念，加强人们和班主任自己对班主任职业专业性的认识，确立班主任职业是一种专业的观念，是有效推进班主任专业发展的基础。

二、实行班主任职业资格制度

职业资格制度是国家对各行各业从业人员规定的岗位职业准入制度。对于专业技术人员来说，仅经过在校学习取得学历而没有职业资格是不允许独立从事专业工作的。目前，

我国已经全面实施教师资格认定制度，班主任岗位是具有较高素质和人格要求的重要专业性岗位，要使班主任工作成为令人羡慕、有吸引力的岗位，也应该逐步建立和实施职业资格制度，规定班主任的任职要求和获得此工作岗位的基本条件。这是实现班主任专业发展的一项基础性工作，是班主任培养、培训、任用和管理制度的基本依据，也是使学生管理成为一个独立的专业领域的重要根据。目前，各地也就此制定了一些原则性要求，如班主任资格基准、基本职责等，但其科学性和规范性尚较差，要求太低。这种“低门槛”的资格准入制度不仅降低了班主任的社会地位，也影响到班主任群体整体素质的提高。为此，全国应该制定一个统一规范的班主任岗位标准和要求，其内容应在教师职业标准的基础上增加责任感、事业心、人际交往、心理沟通能力、组织管理能力、岗位培训及合格证书等项目。

三、加强班主任的业务培训

班主任的培训教育必须与教育改革相适应，不能游离于教育教学的实际之外。因此，学校应该而且也必须成为班主任培训教育的重要基地。在校本培训中，要坚持以班主任群体发展和个性发展为本的理念，从培训形式、内容、途径和方法等各个方面体现从班主任的工作实际和需要出发，体现教师的个性化和专业发展需要、实现班主任发展的共性与个性的统一。班主任教师既是具有自主选择、自我学习、自我教育能力的培训主体，又是培训活动设计、决策、组织、行动和对结果负责的主体。没有他们的积极参与，培训活动不可能取得很好的效果。因此，要注意发挥班主任在培训过程中的主体作用，强化他们的进取行为、引导他们“自我实现”。

四、建立科学的班主任考评体系

班主任工作有别于教学和科研，其效果不仅取决于自身的工作，而且还受生源素质、任课教师的教学风格、校内外环境等多种因素的影响，不可能用固定的指标对班主任工作进行评价。因此，评价主要是从班主任自我要求与学校发展要求出发，对班主任自觉、自主参与学习培训的投入程度、态度、过程表现、效果诸方面的基本评价，目的是为后续学习培训增强动力，调整方向，促进班主任的终身学习与发展。评价可以由自我评价、同伴互评和学校评估三个方面组成，以自我评价为主。自我评价主要通过班主任自我陈述、自我反思进行。可以是书面的，也可以在小组中口头交流。同伴互评，主要不是给出评价结论，而是在集体中形成一种学习、进取的氛围，形成一种外在的“压力”。学校评价主要是对班主任常规参与的评定与激励措施的落实。总之，对班主任工作进行有效的评价，有助于班主任专业发展。

五、引进竞争机制并提升班主任的待遇

美国学者赛克斯认为，专业发展依赖于两大策略——筛选和吸引。前者是指运用专业

标准筛选候选人，留优驱劣；后者是指运用报酬和激励手段吸引并留住求职者。要实现班主任的专业发展，提高班级管理工作的有效性，必须坚持“严进、宽出”的原则。“严进”，就是严格把握班主任入口关，慎重决定班主任的人选，依据工作实绩和个人意愿，把责任心强、业务能力好、具有上进心、热心于班主任工作的、具有合格学历的中青年教师推上班主任的工作岗位，大胆启用他们，相信他们。“宽出”，就是将班主任工作经历作为教师晋级、提干、评优、提高福利待遇的前提条件。因为班主任的工作是十分辛苦的，承担着教书育人的神圣职责，繁忙的工作使得他们没有上下班之分，也没有校内外之别，夜以继日，废寝忘食，而大部分老师无怨无悔，默默耕耘，无私奉献。因此，学校要注重提升班主任的地位和待遇，各项政策的制定要向广大班主任老师倾斜，让他们愿意做班主任，乐于做班主任，甘于做好班主任，使班主任队伍的整体素质不断得以优化和提升。这不仅是对他们工作实效的肯定，更是对他们人格的尊重，也是实现班主任专业发展的必由之路。

六、重视班主任自我反思能力的培养和训练

班主任的能力是需要个体在反思中培养和提升的。反思是班主任以自己的班级管理活动为思考对象，对自己做出的行为、决策以及由此所产生的结果进行审视和分析的过程，是一种通过提高参与者的自我觉察水平来促进能力发展的途径。自我反思能力的提高是班主任不断走向成熟的重要标志。倡导班主任对自己的教育管理经验进行有效的反思，这对于班主任掌握正确而有效的教育行为，促进其教育管理能力和水平的提高具有重要的作用。我国学者叶澜教授认为：“一个教师写一辈子教案不一定成为名师，如果一个教师写三年反思，则可能成为名师。”相反，如果一个教师仅满足于获得经验而不对经验进行深入的思考，那么即使有二十年的教学经验，也只是一年工作的二十次重复；除非善于从经验反思中吸取教益，否则就不可能有什么改进，永远只能停留在一个新手教师的水准上。可以说，班主任的反思性实践是提高教育管理能力，促进班主任专业发展的有效途径。反思性能力的培养与训练，要求班主任经常反思自己在教育实践中所碰到、想到、意识到的各式各样的问题，以批判的眼光反观自己的做法，分析其背后蕴含的理论知识，并会同有关专家将发现的问题在实际工作过程中进行研究，探讨可能的解决策略，并在实践中检验假设。通过反思和合作，从发现向题到分析研究何题，再到解决问题的多次循环往复，使班主任学会发现和界定向题，将自己的有效经验上升到一定的理论高度，自己的素质就可以得到持续发展，并对后续的教育行为产生积极的影响。因此，学校要十分注重激发班主任的自我提高动机，调动他们进行自我反思与实践的积极性，使其以主体身份投入其中，从而实现班主任队伍整体素质的提高，为实现其专业发展打下坚实的基础。

七、改善班主任专业发展的内外部环境

班主任专业发展需要一个过程，需要有良好的内部条件和外部条件。如何改善班主任

专业发展的外在和内在的保障机制，应该成为一个亟待解决的问题。外在保障条件是指外在于班主任主体又对专业发展产生重大影响的外部环境，它直接影响班主任专业发展程度。班主任专业发展的外在保障条件主要有：一是营造自由、民主的发展氛围；二是要加强教育法规建设，进一步完善班主任专业发展保障的法律体系，依法维权，依法管理，保障班主任专业发展的权利不受侵犯；三是采取有针对性的管理策略，增强专业支持意识，淡化行政指令意识，让班主任专业发展有广阔的发展空间。内在保障条件是指班主任自身的态度、情意、知识、能力等个人素质，对专业发展产生直接影响的内部环境。主要体现在：首先，树立清醒的专业发展意识，不仅要对班主任专业发展及其价值意义有深刻的理解，而且还要有不断地追求更专业、更完善、更合理的专业行为；其次，提升班主任专业发展的能力。在具备合格班主任必备的一般能力的基础上，形成有利于班主任专业发展的能力。总之，外在保障条件只能为班主任专业发展的实现提供可能和基础，而班主任自身的专业素质则是更为关键的因素，它直接关系到外在条件提供的可能性能否转化为现实性。

第九章　教育合力的形成能力

学生在成长过程中，必然要受到班主任、团队组织、家庭以及社会各个方面的影响。要使学生在德、智、体、美、劳诸方面都得到全面发展，就需要把各种教育影响统一起来，使之相互配合，相互协调，组成立体的大教育网络，产生同步的巨大的教育合力。在这个立体的大教育网络中，学校应充分发挥其主导作用；而在学校教育网络中，特别是在班级教育网络中，班主任又是核心。若没有班主任，优良的班集体便难以形成，各种教育影响作用的发挥也就势必要受到一些限制。因此，建立教育网络，形成教育合力，是班主任工作的不可或缺的内容和任务，也是班主任工作的一个重要条件。

第一节　协调统一校内教育力量

一、协调统一任课教师教育力量的艺术

一个班有好几名任课教师，他们不但要向学生进行文化科学知识的传授，而且要塑造学生美好的心灵。他们和班主任是协调一致，还是各自为战，效果当然不一样。因此，班主任必须有意识地发挥自己的纽带作用，把任课教师的教育力量统一起来，从而搞好班级工作。

（一）任课教师在班集体建设中的作用

教书育人是教师的神圣职责和光荣任务，每一个任课教师都是班级的教育者和管理者。所以，任课教师以及由任课教师组成的教师集体，在班集体建设中起着十分重要的作用。

首先，为人师表的榜样作用。教师集体给学生提供了集体的初步观念和榜样。教师集体的团结一致、相互协作的集体主义精神，认真备课、上课、课外辅导、批改作业的工作态度，关心、支持、帮助学生的优秀品质，勤俭节约、艰苦朴素的生活作风，处处为学生树立着榜样作用，时时刻刻成为学生模仿和学习的对象。学生及学生群体长期在这样一个

教集体的熏陶下，就能潜移默化地逐渐形成正确的集体舆论和优良的班风，从而对学生的健康成长，对班集体的形成有着不可估量的作用。相反，如果任课教师对工作敷衍塞责，对学生漠不关心，对其他教师进行诋毁、中伤，对自己自我吹嘘，那就会在学生中造成极为不利的消极影响，对班集体的建设也将会是巨大的障碍和阻力。

其次，教书育人的合力作用。一个班级的各门学科的任课教师，如果能携起手来，共建班集体，那么，就可形成一股巨大的教书育人的合力，配合班主任管理育人的力量，共同促进班集体的建设。例如，有的学生在班主任面前各方面表现都很好，遵守纪律，勤奋学习，团结同学，但在任课教师面前却表现很差；还有一些学生对某一门课程兴趣较浓，成绩也很出色，但对另外一些课程则不予重视，成绩较差等。这就需要各科教师经常在一起交流情况，共同研究解决问题的办法，结合自己所教学科的具体内容，在教书的过程中，及时地解决问题。另外，由于各任课教师的能力、气质、兴趣爱好、教学风格、教学态度、教学作风和思想感情不同，致使一些学生喜欢这些老师，而不喜欢另一些老师。各任课教师协调配合，帮助学生提高认识，克服亲疏之分，同时，对平时不喜欢接近自己的学生加强了解，增加感情，增进友谊，这样就可以更好地形成一个教书育人的合力，从而促进良好班集体的形成。教育家马卡连柯曾说：“应该有这样的教师集体：有共同的见解，有共同的信念，彼此之间相互帮助，彼此之间没有猜疑，不追求学生对个人的爱戴。”这充分说明了教师集体在班集体建设中的重要作用，这种作用是其他教育力量所不能取代的。

（二）协调统一任课教师教育力量的意义

万琳老师是上海市著名的模范班主任。她丰富的班主任工作经验之一就是：团结和依靠全体任课教师，形成教师集体，共同做好教育学生的工作。这说明班主任协调任课教师的教育力量，对班集体的建设、管理和教育来说，具有十分重要的现实意义。

第一，班主任只有与任课教师协调好，才能使各种教育渠道形成一个协调统一的整体。班级工作是一项管理人、教育人的系统工程，每个学科的任课教师，都承担着独特的重要的教育任务，他们的工作相互影响，相互渗透，具有内在的必然联系，只有协调一致，才能使班主任和各科教师形成一致的教育思想和教育目标，从而产生一种统一的教育力量，促进学生及班集体的健康发展。

第二，班主任只有和任课教师协调好，才能调动任课教师的积极性，共同搞好教育教学工作。任课教师工作的积极性和主动性，是搞好教育教学活动和班级工作的根本因素。如果班主任与任课教师没有协调好，或者相互扯皮，或者相互推诿，或者相互敌视，则势必影响教师积极性的充分发挥，从而严重影响教育教学任务的顺利实现和班级工作的正常开展。

第三，班主任只有与任课教师协调好，才能达到班级整体效能的最优化。班级整体效能的最优化，不仅表现在全班同学政治上积极要求进步，纪律严明，集体观念强，团结友爱，而且表现在学习风气好，学习成绩高，德、智、体、美、劳诸方面全面发展。要做到这一点，班主任必须与任课教师取得经常性联系，得到各科教师的大力支持和帮助。

（三）协调统一任课教师教育力量的艺术

第一，向任课教师介绍学生情况。班主任应向本班任课教师做综合介绍，包括全班人数、总的学习状态、班干部配备以及学生家庭概况等。定期召开任课教师会，介绍全班学生德、智、体、美、劳等方面的发展情况和特殊问题，以及个别学生的特点爱好等，同时听取任课教师对学生有关情况的反映。经过共同商讨，交换认识，统一对学生的教育要求和教育措施，以利于全面推进和因材施教。

第二，有计划地听课，共同研究改进教学。班主任听课的目的是深入实践，了解教与学的情况，为发挥纽带作用创造条件。从教的方面，可以了解教学进度、教学情况；从学的方面，可以了解学习纪律、学习情趣、学习方法、智能发展水平以及师生关系等。这些情况的掌握，有利于班主任进行教与学的协调，从而促进学生的全面发展。

第三，沟通思想，协调配合，加强学生的德育。课堂教学是对学生进行德育的最有效途径，班主任是班级教育的首席责任教师，是对学生进行德育的核心人物。班主任应该与任课教师互通学生的思想情况，取得一致认识，通过多科多渠道，发挥德育的合力作用，有效地加强学生的德育。在要求学生履行学校各种规章制度，维护班级荣誉，培养良好的班风等方面，都需争取任课教师的密切配合，共同努力。

第四，组织任课教师参加班集体奋斗目标的制定。每个班级都必须有明确的奋斗目标。在制定班集体奋斗目标时，要组织发动任课教师参加，这不仅能发挥任课教师的经验、智慧，更能使任课教师明确班级工作目标，得到他们的认同，以利于在日常教学活动中去努力贯彻，使之成为班级师生的统一意志和力量，加速学生的成长和班集体的形成。

第五，树立任课教师的威信。班主任要有意识地通过主题班会，或通过组织学生走访任课教师，了解教师工作的辛苦，或利用庆祝教师节来增强尊师爱生的感情，使教学双方都有良好的心理气氛，从而促使双方的潜力都得到发挥。那种只注意树立班主任个人的威信，在学生面前议论任课教师，不满意任课教师谈及班集体存在的问题等做法是极其有害的。

第六，加强与任课教师之间的团结。有经验的班主任深知牢固的教师集体所形成的凝聚力和高质量的教学效果对班级所起的重要作用，因而十分注意维护教师集体的团结。一方面，班主任自己要密切与任课教师，特别是青年教师的联系，体谅他们的疾苦，帮助他们解决困难；另一方面，班主任还要做好任课教师之间的协调工作，防止任课教师之间闹矛盾、不团结。总之，班主任只有与任课教师亲密共事，才能增强教师的凝聚力，才能促进教师与学生两个集体水乳交融，才能有利于学生的健康发展。

第七，积极争取任课教师参加班上各种课外活动。这不仅能扩大学生的视野，巩固学过的知识，发展学生的思维，提高课堂教学的“接受率”，而且在丰富多彩的课外活动中，增强了班主任与任课教师之间、教师与学生之间的团结，巩固了班级教师集体。

二、协调统一学校领导教育力量的艺术

（一）班主任与学校领导的关系

班级是学校的基层组织单位，所以学校领导与班主任的关系主要是组织上、工作上的

领导和被领导关系，同时还存在通过个人关系反映出来的道德关系。班主任是在学校各级组织领导下进行工作的，因而其工作必然会受到各位领导的认识水平、领导能力和领导态度的制约。班主任是全班学生的领导者，同时又是学校领导的领导对象，学校领导要把政策贯彻给学生，班主任工作是很重要的中间环节。班主任干好工作，一方面需要取得学生的信任和领导的支持，另一方面还要对领导尽职，对学生负责。只有把学校领导的教育要求、工作意图领会透彻，并正确地在学生中传达贯彻，才能更有利于班级工作的开展。

（二）协调统一学校领导的教育力量

要想当好学校领导对学生进行思想政治教育的得力助手，班主任应向学校领导经常进行口头或书面请示与工作报告，反映学生的思想动态和状况、存在的困难和问题，提出意见、建议和要求，以作为学校领导研究部署学生思想政治教育工作的依据和参考。班主任应当自觉地把本班的一切工作严格地置于学校领导的监督之下，主动争取学校领导的指导和帮助。

第一，尊重领导。从社会主义制度下人人平等的角度说，班主任与领导应彼此尊重；从学校领导与班主任的行政隶属关系来说，班主任更应该尊重领导。对领导布置的工作要努力完成；开会时不轻易打断领导的发言，对领导的正确意见要接受；领导在开会时不随意打扰；在领导的办公室内未经允许不要随意翻阅文件信函等。班主任不能认为自己能力强或工作干得多，就对领导采取不尊重态度，甚至让领导难堪。即使某位领导在某方面水平不高或有某些缺点，班主任也要通过适当的渠道提出批评和建议，千万不可在学生面前发牢骚，更不能以班级利益对抗学校利益。

第二，服从领导。如前所述，学校领导与班主任之间存在着一种行政上的隶属关系。领导是学校教育教学工作的负责人，班主任当然应服从领导，即使有时领导在某方面所做不妥，班主任也不宜与其大吵大闹，甚至对着干。当然也不能因为对方是领导就表现出自卑或讨好或曲意奉承，而应表现得彬彬有礼，不卑不亢，勇于维护班级学生的合法权益。

第三，支持领导。班主任要参与学校管理，成为学校领导进行领导活动的合作者，而不要成为其反对者或旁观者。在班主任集体或学生集体中，都应自觉维护领导的威信，支持领导的工作。为此，要主动输送信息使领导掌握了解更多的情况，做出正确的决策；要提出积极的建议，帮助领导出主意想办法，如与领导意见有分歧，可在会上或私下表达自己的意见；无论自己的意见是否被采纳，都应按组织原则，服从会议决议或领导的意见，当然可以保留自己的看法，并进一步向有关方面申诉，切不可因为自己正确就吵闹或以搁置工作来要挟领导或到处散布意见等。这样不仅于事无补，而且会使矛盾激化。

三、协调统一班委会的教育力量

（一）班主任与班委会的关系

班委会是由学生骨干组成的，为班级服务的机构，它接受学校学生会和班主任的双重领导。班委会是班主任开展班级活动的助手，是联系班级学生群体与班级班主任集体的组带，是促进全班学生全面发展与形成健全班集体的重要手段。它的主要内容是：协助班主任搞好思想政治教育工作，增强组织纪律性，推动班级奋斗目标的实现；配合班主任教育学生努力学习，帮助解决学习困难，提高学习质量；在班主任的领导下，组织全班学生参加公益劳动和富有教育意义的集体活动，活跃班级，提高学生的道德水平和劳动观念；协助班主任搞好课外活动，帮学生增长知识，发展特长、爱好，增进身心健康。

（二）协调统一班委会教育力量的艺术

第一，双依靠，两统一。“双依靠”，即班主任一方面要依靠班级教师集体，发挥其对班委会的指导与监督作用；另一方面又要依靠班委会使其当好班主任的助手。“两统一”，即班级教师对班级工作的要求、计划、安排等的认识统一，以增强整体教育效应；班干部对班级奋斗目标的认识统一，以加强班委会自身的内聚力，协调配合开展工作。为此，在制订班级工作计划时，要让他们发挥主人翁作用，通过充分的讨论，做到方向明确，步骤稳妥，措施实在，办法有力。在实施计划的过程中，既要具体指导，又要放手让班委会创造性地去开展工作，以培养他们的独立工作能力。

第二，人选得当，结构合理。组建班委会，班干部的基本条件是学习好，思想好，身体好，有一定的工作能力，愿意为大家服务。此外，还应注意班委会成员结构的合理性，即智能与气质特点两方面的合理搭配。班主任要充分了解班干部人选，让各具不同智能和气质特点的学生协调搭配，组成班委会。这不仅是班委会各方面工作角色的需要，而且容易使其成为刚柔相济，易于共事，团结合作，同心协力搞好班级工作的领导集体。

第三，严格要求，树立威信。班主任要严格要求班委会，教育他们在班级活动中必须以身作则，发扬民主，尊重同学，带头示范，不能因为他们是工作骨干就迁就放任。若班干部在工作中有过失，班主任应做恰当处理，切不可以维护班干部威信为由而不闻不问，甚至袒护。过失大且在班上影响大的，最好在全班公开自我批评，以挽回影响；过失小影响小的，可在班委会内做自我批评，以吸取经验教训。威信是班委会开展工作取得成效的重要因素，而威信的树立，既要靠班主任从组织上给予支持，为班委会顺利开展工作创造条件，更要靠班委会及其成员通过自身兢兢业业、任劳任怨、勤勤恳恳的服务去赢得同学们的钦佩和信赖，二者不可偏废。如果班主任一味迁就支持，而班委会本身不能以公为先，起骨干带头作用，则班委会的威信就不能真正树立起来。

四、协调统一团组织教育力量的艺术

学校团组织是在学校党组织领导下的大学生的群众性组织，他们是学校党组织和行政领导对学生进行教育的有利助手，也是班主任搞好班级工作的重要力量。班主任可改变只有班级活动、没有共青团组织活动的现象；改变只有共青团组织形式、没有共青团教育作用的现象；改变班级内团不管团的现象。班主任在建设班集体的过程中，要主动过问他们的工作和活动安排，关心他们的组织发展，做到和班级活动统筹兼顾、协调合作，充分发挥团组织的先锋模范作用。

(一)团组织在学校和班级中的作用

中国共产主义青年团是中国共产党领导下的先进青年的群众性组织，是广大青年学习共产主义的学校，是中国共产党的得力助手和后备力量。共青团把党的最终目标作为自己的奋斗目标。

中国共产主义青年团在学校和班级中的作用主要表现为：一是通过经常性地对青年进行马克思主义和毛泽东思想基本理论的教育、革命理想教育、共产主义道德教育、革命传统和纪律教育、热爱科学和热爱劳动的教育等，引导学生树立远大的革命理想和共产主义人生观、世界观。二是通过对青年学生的学习目的、学习态度教育，促进学生勤奋好学，刻苦攻关，做到又红又专。三是通过对青年学生的生活和健康的关心和帮助，促进其德、智、体、美、劳得到全面发展。四是通过加强自身的思想建设和组织建设，充分发挥自身的模范带头作用和在班集体中的核心骨干作用。

(二)协调统一团组织教育力量的艺术

学校团组织与班主任工作有着共同的教育目的。共青团的性质、作用和任务决定了它是班集体的核心，是班级各项活动的积极支持者和参与者。班主任在协调和指导共青团活动时，要尊重共青团组织，要善于充分发挥团员的积极性和主动性。具体来说，班主任必须做好以下几个方面的工作：

第一，协调好与学校团委的关系。学校团组织是在学校团委的领导下进行的，并不直接受学校行政和班主任的领导。班主任与共青团组织的关系，不是上下级的领导关系，而是协调配合的关系。学校的教育工作是在学校行政直接领导和具体安排下进行的。因此，共青团工作必须服从学校的教育任务。班主任既要指导本班的团干部搞好工作，使共青团活动服从于学校教育工作计划，又要尊重班级共青团组织工作的独立性，使他们服于学校团委的工作安排。班级的团干部既是班主任的依靠力量和得力助手，又是在学校共青团组织的领导下开展工作的。因此，班主任在指导团干部开展工作时，必须取得学校团委的支持，当班级工作与共青团活动产生矛盾时，班主任要顾全大局，积极支持共青团工作。

第二，协调好班委会和班级团支部的关系。班主任要重视班委会和班级团支部之间的协调工作，使他们团结协作，充分发挥各自的作用。班主任可认真选好班长和团支书，一般来说，对班长人选要着重考察他的管理能力，对团支书人选则须着重考察他的组织能力。另外，还应考虑他们的工作能力和工作作风，能否相互尊重，相互支持。班主任要经常帮助和教育他们搞好团结，了解他们工作中遇到的困难，帮助他们解决各种问题，当他们在工作中产生矛盾时，要及时帮助他们消除，团结一致，搞好工作。

第三，指导团组织开展工作。一是协助共青团组织制定工作计划。班主任在帮助班级共青团组织制订工作计划时，要注意充分发挥团干部和成员的积极性和主动性，要善于根据大学生的特点来制定，要开展丰富多彩的活动和生动活泼的形式，要有利于大学生集体主义和个人创造精神的培养。二是帮助共青团组织实施和落实工作计划。班主任要经常与学校团委取得联系，了解学校共青团工作的主要活动安排，使级组织的活动与学校共青团组织的活动步调一致。班主任也要帮助、指导班级共青团组织开展的每周一次的活动，要做到认真制定方案，详细研究活动的具体步骤，安排活动的具体内容，以求达到最佳效果。三是帮助团干部提高思想认识和工作能力。四是帮助共青团组织进行思想政治、道德教育工作，交流和分析班上学生情况，研究正确而有效的教育措施。五是班主任也可以向共青团组织反映情况，提供建议，协助做好组织发展工作。

五、协调统一班级学生教育力量的艺术

班主任作为学校教育活动的直接承担者，学校落实班级工作的执行者，在开启学生的心智、塑造学生的心灵、陶冶学生的情操等方面，起着十分重要的作用。在教育教学过程中，班主任必须和学生打交道，他们和学生之间关系的好坏也正是班级工作成败的关键。因此，班主任必须搞好与学生的关系，班主任只有与学生之间形成协调、融洽的良好氛围，教育教学的过程和目标才能顺利进行和完成。班主任协调统一班级学生教育力量的艺术要求主要体现在以下几个方面：

（一）理解是心灵沟通的纽带

班主任与学生之间应该进行心理换位，都能从对方的角度考虑问题，这样才能真正了解对方的心理。班主任只有能深入学生的内心，学生才会感受到自己被理解了，被关心了，从而增强对班主任的信任感，班主任讲道理学生才容易接受。只有理解学生，才能使学生理解自己。每个班主任都盼望着能与自己的学生打成一片，但许多学生却始终自觉不自觉地对班主任关起情感的大门，痛快一点的也只是半开半闭。显而易见，班主任如果不能了解和贴近学生的内心世界，就会增加施教的难度，降低教育的信度和效率，因而班主任必须努力开启学生心灵世界的大门。要想做到这一点，必须和学生多交流、多沟通。班主任不能高高地凌驾于学生之上，要学会放下“架子”，摆正师生位置，从心底产生与学生交友的愿望，而不能带有丝毫勉强。唯有如此，班主任才能了解他们的所思、所想、所疑、所盼，才能真正把握班级和学生的实际情况，才能有针对性地不断调整自己的教育管理工作，从而取得良好的教育效果。

（二）平等对待每一个学生

班主任应确立平等的观念，做一个公正严明的班级工作的领导者。在同一班级的学生中，可能客观地存在着一些明显的差异，如家庭经济条件的好坏、学习成绩的优劣等，但这些差异应是班主任有针对性地开展班级教育管理工作的出发点和立足点，而不应该是班主任对学生采取不同标准的依据。作为班主任，如果对经济条件不一样、家庭社会背景不一样、学习成绩不一样的学生，给予不平等的待遇，势必会极大地伤害一些学生的自尊心和自信心，同时也就降低了班主任在学生心目中的威信，教育影响也就会大打折扣。

（三）组织活动增进师生间感情

班主任与学生间和谐关系的形成，需要思想情感的交流与沟通，需要师生之间的相互理解与尊重，而这一切都必须在接触与交往中才能做到。因此，班主任与学生共同参加一

些活动，是增进师生情感，形成和谐融洽体系的有效途径。很多活动需要发挥团队精神和合作意识，班主任与学生一起参加这样的活动，必定会增加和学生之间的协调与互动，在合作中增进感情。如可以和学生一起进行体育活动、开展文艺活动、进行社会调查活动、制定和组织策划活动方案等。

（四）正确合理地使用批评

首先需要指出的是，班主任对学生应该多鼓励、少批评，对学生在学习、纪律、思想等方面出现的问题和偏差，应该及时指出，耐心帮助他们、鼓励他们，对他们充满信心。当然，并不是不能批评，更不是不该批评或者认为批评没有任何好处。只是在批评时，班主任要注意方式和方法。批评与自我批评是师生之间关系协调的润滑剂，班主任批评学生，是为了提高学生的思想认识，达到改正缺点和错误的教育目的。班主任在对学生进行批评时，应注意批评的艺术和技巧，批评要符合学生的实际，要善于抓住要害；要注意学生的认识态度和情感基础；要注意批评的场合与气氛；要掌握批评的“规模”与“规格”；要根据不同的对象，采取不一样的批评方式；要做好批评后的教育转化工作；批评要能触及学生的心灵深处，使学生真正认识到自己的错误，并知道今后如何改正。批评是相互进行的，班主任有时也会犯错误，对来自学生的批评，班主任要有宽广博大的胸怀，要接受学生合理的批评，采纳学生的意见和建议。如果班主任真的错了，就应该公开地向学生说一声“对不起”，然后逐步改进自己的错误或不足，使自己能够成为学生的表率和榜样。班主任一方面通过合理的批评，使学生认识到自己的错误并及时加以矫正，这样学生就会不断进步，学生就会在心底感激班主任；另一方面，班主任也通过自我批评的方式，让学生认识到：原来老师也会犯错误，而且还能进行自我检讨和改正，从而增进师生之间的心理融通和情感交流，进而形成和谐融洽的良好师生关系。

（五）充分运用表扬与信任的力量

每个学生的身上都有“闪光点”，而且他们也都有一种强烈的希望自己被别人肯定的心理渴求。因此，班主任要抓住学生的这个特点，在进行教育管理的过程中，及时捕捉学生身上的“闪光点”并予以表扬，这将会激发他们身上的潜能，取得事半功倍的教育效果，师生之间的关系必将得到很大的改善。在学生群体中，最令人头痛的莫过于那些学习和思想稍差一些的所谓“后进生”。作为一名班主任，要对他们有一个正确的认识：这些学生在某些方面的确比较差一些，但他们也并不是无药可救，他们也想变好，也想积极上进，也希望被别人肯定和表扬。因此，班主任首先要一视同仁地对待他们，信任他们；其次，班主任要做一个有心人，不急躁，不恼火，在点点滴滴的生活小事中发现他们的优点，及时加以表扬，一步步培养他们的自尊心和自信心。表扬是鼓励学生前进的明灯，信任是促进学生进步的强大动力；积极的表扬会激发学生美好的感情，真诚的信任会推动学生的巨大进步。班主任的表扬和信任，必将会照亮学生的心田，使学生与班主任老师能够真正心灵相通，心心相印。

（六）班主任要不断提高自身的专业素养

班主任与学生之间矛盾的焦点在于班主任如何评价学生的思想与行为，怎样不断塑造自身，使自己成为学生敬重的楷模。这一点是由班主任自身的道德、学识，特别是班主任的个性品质等要素决定的。班主任作为教育者，如果自身不具备优良的素质修养，当然就不会被学生钦佩和信服，学生的内心深处也就不会真正接纳班主任老师。班主任要有崇高的道德修养、优良的心理品质和良好的人格魅力。学生最初的崇拜是盲目的，只有当班主任自尊自爱、自强自信的人格魅力使学生深深折服的时候，他们才会找到人生起步的坐标点。自尊而不自负、自爱而不自封、自强而不蛮干、自信而不盲动，举止得体、儒雅可亲、刚正不阿、一身正气，正是班主任老师人格魅力之所在。班主任还要有积极的创新意识，当今时代，知识更新频繁，信息换代加速，只有解放思想，打破思维禁锢，不断接受新思维、新观念，不断采纳和应用新方法、新途径，不断更新自己的知识体系，充实、丰富、发展和完善自身，才能真正胜任“传道、授业、解惑”的基本职责。

第二节 协调统一家庭的教育力量

一、家庭教育力量的特点

家庭是由两个或两个以上的人基于血缘、婚姻或收养关系而组成的社会单元，是社会的基本细胞。对于学生而言，保护正常发育与健康成长、提供爱和情感上的依恋、促进个体社会化、塑造健全人格等，是家庭教育的基本功能。在学生的成长和发展中，家庭教育起着奠基作用，并且具有终身影响。家庭教育力量一般具有以下几个特点。

（一）天然性

抚养和教育孩子，是父母或其他年长者的天职。孩子一旦成为家庭中的一员，父母或其他年长者就自然而然地成为孩子的养护者和教育者。在基于亲情的家庭人际氛围和生活环境中，父母或其他年长者与合作之间相互信任、相互依恋。一方面，父母或其他年长者有意识地对孩子施加影响，并通过日常生活的言行举止、思想感情影响孩子，由此履行其作为养护者和教育者的责任；另一方面，孩子依恋父母或其他年长者，从日常生活交往之间获得关爱和温暖，不断成长和进步，由此让父母或其他年长者获得履行义务和职责之后的幸福感，并且在融洽与和谐的家庭氛围中体味着生命的意义与价值。不过，家庭教育的这种天然性也是有一定局限的，特别是家庭结构是否发生变化、家庭成员之间的关系是否融洽，以及父母或其他年长者是否从孩子的成长出发、家长教养方式是否得当等，都会影响家庭教育的效果。

（二）感染性

父母的一言一行、一举一动时时刻刻都在影响孩子的思想、行为和习惯。家长是孩子模仿的榜样。孩子模仿成人，首先是模仿家长，包括好的方面和坏的方面。出于对父母或其他年长者的尊重、依恋、信任、爱戴和感激，孩子往往对他们的言行保持高度的理解、信任、认可和接纳，乃至在不知不觉中习染而成为个人的行为习惯。俗话说“上梁不正下梁歪”，就是讲这个道理。一般说来，家长有良好的思想品德，孩子的思想品德往往也比较高尚。反之，家长的言行不正，孩子必然会受到不好的影响。所以，做家长的要随时检点自己的言行，以身作则，有意识地在学习、道德行为方面给孩子做出榜样，言传与身教一致，才能教育好孩子。

（三）弥散性

相对于各种自发的环境影响因素而言，家庭教育对于孩子身心的影响是有目的、有意识的。但是，和学校教育相比，家庭教育的这种有目的、有意识的影响，主要是通过日常生活、交往和共同活动得以产生，由父母或其他年长者言传身教加以实现的。家庭没有固定的教育目标和教育内容，也没有固定的教育场所、教育时间和教育方法，它更多地表现为遇物而诲、随境而教的特点。生活所在，交往所在，活动所在，也就是家庭教育之所在。不仅如此，父母或其他年长者的训导虽然很重要，但他们的待人接物、言行举止及其所能体现出来的德行修养等，都会通过耳濡目染而渗透到孩子的心灵之中。这就决定了家庭教育不仅是父母或其他年长者对孩子或其他年幼者的教育，而且也是父母或其他年长者作为公民、作为教育者的自我教育。

（四）基础性

孩子对家庭在物质上的依赖性和在感情上的依恋性，使他们能够对家庭产生心理上的安全感和归属感。孩子在心理上的这种安全感和归属感，不仅是他们道德情感产生的基本前提，而且也是他们接受道德影响并自主发展自身品德所必需的土壤或养分。因此，家庭能够对孩子产生先入为主的影响，是他们品德发展和德行成长的重要基础。不仅如此，由于孩子自幼生活中家庭之中，他们在性情未定、心智待启之时，便无时无刻不受者父母或其他年长者的影响，并成为日后接受来自其他方面影响的基础，对于其他外在影响在一定程度上具有过滤和选择作用。古人所谓“三岁看老”，虽然有些夸大其词，但也在一定意义上昭示了家庭教育的这种特点。乃至进入大学之后，家庭教育所具有的这种感染性和弥散性依然起着极为重要的作用，并且无法被学校或社会等其他教育力量所取代。

（五）终身性

家庭教育与家庭共始终。尽管家庭成员之间的影响是双向、互动的，但对于孩子而言，父母或其他年长者不仅是最早的教育者，而且也是终身的教育者。孩子在父母或其他年长者身边长大，个人的生活、学习、爱好以及生活态度和方式、为人处世、价值观念等诸方面，无不受到来自父母或其他年长者的影响，直至成人乃至独立生活、成家立业后，他们仍然与父母或其他年长者保持密切联系，在一定程度上接受来自父母或其他年长者的影响。从这个意义上来说，家庭教育具有持久性和终身性的鲜明特征。家庭教育的终身性，有利于增强父母或其他年长者的教育责任感，有利于密切亲情和人伦关系。不过，由于年龄、性格以及各自生活时代的不同而导致的代际差异，家庭教育也可能发生错位的现象，甚至还会酿成家庭悲剧。

二、协调统一家庭教育力量的途径

（一）家庭访问

家庭访问，简称家访，是班主任因教育工作需要到学生家里进行调查访问的一种工作方式。它是班主任与学生家长建立联系、协调工作的重要途径。随着社会的飞速发展，工作效率的日益提高，家访的作用更显得突出，意义更加重大。如何进行家访并达到预期目的，是班主任需要探索的问题。一般而言，应当注意遵循以下要求：

第一，明确目的，精心准备。班主任在家访前要明确目的。家访的目的不是为了向家长告状，或是由于自己教育无力而把责任推给家长，而是为了和家长真诚地交换意见，调动家长教育子女的积极性，取得家长的协助，共同把学生教育好。因此，我们在家访前要对被家访的学生做深入的了解，包括他的学习状况、行为表现和生活习惯等，要明确通过这次家访需要解决什么问题，达到什么效果。另外，还要制订详尽而可行的计划，考虑好与学生家长交谈的问题，怎样谈，如何针对心态层次不同的家长进行交谈，做到有的放矢。不至于在家访的过程中不知所云，使家长产生班主任对自己的孩子关心太少，家访只不过是形式而已的想法。

第二，预约时间，捕捉时机。什么时候去家访，到哪些学生家中家访，这些都是比较复杂的问题。有经验的班主任善于从学生的表现来捕捉家访的时机，从学生的表现来确定家访的主题。如当班上的一位学生多门功课不合格，老师与其谈话后依然解决不了问题时，班主任就应该去家访了。通过家访找到这位学生功课不合格的原因，与家长一起帮助孩子端正态度，弥补不足，努力把学业追上。在这种情况下家访，还可以避免学生遭到家长的责骂，从而导致学生情绪低落，产生消极厌学情绪，甚至发生逃学、轻生等恶性后果。而当班里某个学生情绪出现异常时，班主任一定要及时和家长联系，必要时一定要家访。学生在日常学习、生活中，一般都具有相对稳定的个性倾向和行为表现。一旦发现学生出现情绪异常，班主任就要及时与其谈心，并根据了解的情况，进行相应的情绪矫正。如果学生情绪异常的原因来自家庭，班主任就要及时通过家访告知家长，与家长共同商议帮孩子矫正异常情绪的办法和措施，引导孩子尽快度过情绪波动期。

第三，三方互动，沟通心灵。家访和上课一样，切忌满堂灌和一言堂。家访时，班主任要像上课一样，注重互动。班主任要留给家长和学生发表自己观点的时间和机会。首先，班主任要站在家长的角度上家访。班主任与家长是有很多共同语言的，因为都有共同的望子成龙之心。班主任在家访时除了向家长汇报学生在校的表现情况外，还要充分听取家长意见。因为学生在学校的表现也许有迫于纪律等因素，也许还有一些伪装成分，而在家里的表现则更真实，从某种程度上讲，家长了解的情况更为真实可靠。其次，班主任要站在学生的角度进行家访。学生一见到班主任来家访，思想上常常有压力，唯恐班主任告状。班主任事先要洞察这种心理，要急学生所急，想学生所想。在家长面前，要多表扬，少批评，在充分肯定的基础上，委婉指出其不足，这样给学生和家长都留足脸面。老师的真诚让学生消除戒备心理，相信老师是真心来帮助他的，家访就成功了一半。接下来的交谈中要让学生成为主角，要给他充分的说话时间。要循循善诱，让学生说出自己内心深处的真实想法，这样才能解决问题，家访的目的才能达到。

第四，深化教育，巩固效果。学生的每一点进步，尤其是后进生的进步往往不是一步到位，必然有一个反复的过程。班主任家访后，要结合家访中了解掌握的资料，对学生重新分析评估，制定新的教育方案和措施，不失时机地对学生进行深化教育，这是家访中一个至关重要的环节。但不少班主任家访后往往会忽略这个关键环节。如果认为家访回来就意味着完成了任务，这更是错误的。家访过后不采取任何措施以加强对问题学生的教育，可以说这样的家访没有任何效果，甚至会在学生心中起反作用。因为家访必定引起学生心里不同程度的震动，学生心里正在进行着积极思想与消极因素的对抗，正急需外部动力的辅助，以达到思想上的净化和改良。如果班主任不作为，就错过了最佳教育时机，老师和家长所做的一切算白费了。

（二）家长会

家长会是一种传统的家校合作方式，是做好学生的教育工作，促使“三位一体”的教育网络形成的重要措施。家长会能使每位家长充分认识到学生在校的情况，便于教育和管理；能使学生家长学到教育与管理子女的方法，改变以往的、陈旧的“棒打、严惩”的体罚方式；能够有机会向学生家长宣传和贯彻本班级的工作计划与思路，对不同学生协同家长进行因材施教；能为班级提供方便，提高了工作效率，增多了与家长沟通的机会和家访的范围；能够及时了解与掌握家长对学生的希望，更好地指导学生抓好学习；能及时反馈班主任工作情况，悉心听取学生家长对班级工作的意见和建议。家长会的召开，沟通了学校与家庭、班主任与家长、家长与学生之间的关系，为学生的健康成长铺设了一条捷径。

家长会可分为以下几种类型：

根据家长会的对象和目的可分为三种。一是优秀生家长会。彼此交换学生在校及在家的学习表现及生活情况，汇报学生在校学习表现，找出存在的问题与家长共同解决，指出今后需注意的问题及努力方向，给家长树立对孩子教育的信心与决心。二是后进生家长会。后进生可分为学习上的后进生、思想品德上的后进生以及两方面都差的学生。这种家长会的召开，有一定的难度，要使家长看到孩子身上的闪光点，同时明确学生身上存在的问题，找到合理的解决办法，更要树立家长对孩子教育的信心，教给他们教育孩子的正确方法。三是全体学生家长会。汇报本阶段班级工作情况，尤其是每位同学的学习成绩及进步情况，谈下一步工作设想和需要家长协调做好工作的要求。

根据召开家长会的时间可分为四种。一是开学初家长会，宣布本学期工作设想，进行班级工作计划的传达，与家长开诚布公地谈如何根据班级工作计划，协调好班级工作，与班主任配合起来，教育好学生。二是学期中家长会，重点是总结前一阶段工作及计划的实施情况，对每一位同学的情况，特别是思想表现、学习方法与成绩做一汇报，找出问题，总结经验，更好地做好下面的工作。三是学期末家长会，是在一学期中最关键的一次家长会。在开学初，家长一般对子女的底细不清，期中时又认为学习潜力还没有发挥出来，不能从思想上接受从老师那里得来的信息。到了期末，是一学期的工作总结，学生学习状况及存在的问题班主任已经摸透，此时召开家长会，便可推心置腹，对症下药，便于下一步对学生的管理与教育。四是毕业班学生家长会，“望子成龙”“望女成凤”的思想是每个父母对子女的期望，尤其到了临近毕业，子女的学习情况如何，很想从老师那里了解一些，以便及时地指导子女做好毕业前的前途选择。因此，应抓住这一契机，开好毕业班家长会。不但要谈学生的学习，而且临近毕业，更要向家长提一些未来工作或深造的建议。

家长会的召开应遵循以下基本要求：首先，要内容充实，有针对性。能够把全班学生的家长集中到一起，是一件非常不容易的事，这就需要班主任在组织家长会时，要做好充分的准备，合理地安排家长会的内容，解决此次家长会要解决的中心问题，使每位与会家长对子女的学习情况都能有所了解。可开可不开的家长会，一定不开。其次，不但要谈学生的成绩，而且还要谈学生的缺点和现阶段存在的问题。但无论谈哪方面的内容或针对哪一方面去谈，都要注意语言的艺术。在实际工作中，大部分家长在子女成绩优异的情况下，乐于参加家长会，悉心听取班主任对子女的情况介绍。但一少部分成绩较差的学生的家长，却以狭隘的观点出发，放弃了对子女的希望，因此，在召开家长会时，这一部分家长就不愿意参加。对于这部分学生家长，班主任就要循循善诱，抓住学生身上的闪光点，及时进行教育，从而充分发挥学生的特长，使学生得到全面发展。最后，要定时定点，适时有度。每学期召开的家长会要适时与度，地点要固定，时间要确定。时间的选择一般可选在双休日，这样便于双方都能抽出时间来谈一谈。地点的选择，一般可在学生学校的教室，也可采用线上会议的形式。

（三）书面联系

书面联系是学校或班主任与学生家长保持联系的一种方式，它能使学生家长及时了解学生在校的情况和学校的要求，也能使班主任经常了解学生在家的情况和家长的反映，以便共同教育学生。书面联系有定期和不定期两种。定期联系就是每个学期结束时，将学生手册或成绩单寄去或请学生带回家，请家长签署意见，开学后带回学校；也可以与家庭建立联系卡，一个月或两个月与家长联系一次。不定期联系就是当学校或班级开展重大教育活动，或学生做了某些突出成绩，或出现较大的问题时，采用书面形式报告家长。班主任在工作中具体采取何种形式的书面联系，应视具体情况而定，以能获得最佳效果为最终目的。

第三节　协调统一社会的教育力量

社会教育是指除学校和家庭以外的社会文化教育机构、团体、组织及社会成员对学生所进行的教育。社会教育是一种全民教育和终身教育，它对家庭教育、学校教育，以及学生的健康成长都起着重要的辅助作用和制约作用。因此，班主任可充分利用社会教育力量，积极发挥它的教育作用。

一、社会教育力量的特点与意义

社会教育力量对学生和班级影响的特点有五点。一是选择性。在社会教育活动中，学生可以根据自己的兴趣爱好自由选择适合自己的项目，自愿参加本人所选定的活动。班主任必须培养学生善于选择社会教育的能力。二是广泛性。社会教育对象广泛，具有全民的性质；社会教育的范围更为广泛，渗透于社会生活的各个方面；社会教育的形式广泛，有报刊电台的宣传、影视戏曲的感染、群体活动的交往、社会榜样的熏陶等，可称之为“全境式”教育。三是多样性。丰富多彩的社会生活决定了社会教育内容的多样性，它能及时反映社会生活的多方面、多角度的发展变化及其对人们的要求；社会教育的方式也是多种多样，不拘一格，不受时空的限制。四是复杂性。社会教育范围的广泛性，内容和形式的多样性，决定了社会教育的复杂性。复杂的社会环境、多变的社会生活与众多的教育机构，使积极影响和消极影响混杂在一起，甚至出现与学校教育、家庭教育相抵触的矛盾现象。因此，特别需要班主任指导学生对社会教育进行筛选和引导。五是自发性。从社会教育对学生的影响来看，不如学校教育那样有严密的计划性、组织性和系统性。它含有明显的偶然性、片断性和自发性的倾向。所以，培养学生对社会教育影响的判断力和选择力，是班主任的重要职责。

社会教育力量对学生发展和成长有重要意义。首先，社会教育能为学校教育创造良好的社会环境。学校教育常常受到社会风气的影响，这就需要协调学校教育与社会教育的关系。社会的“大气候”影响着“小气候”，良好的社会教育能够提高学校教育的功效。其次，社会教育能培养学生的自我教育能力。学生可以经过自己的思考和判断，自由选择教育内容和方式，按照自己的愿望参加教育活动。正是在这些教育活动中，培养了学生的识别能力和自我教育能力。最后，社会教育能扩大学生的人际交往，丰富课余生活。社会教育对于开阔学生的视野，增强学生的社会交往能力，发展智力都有十分巨大的促进作用。

二、社会教育力量的构成要素

（一）大众传媒

大众传媒是指一切传递社会信息并广泛影响社会大众的中介媒体及其传播方式，包括印刷媒体和电子媒体两类。由于大众媒体具有信息量大、传播速度快、形式多样化、休闲娱乐功能强、自主选择和参与程度高等特点，所以对学生的影响尤为直接、广泛而深刻。美国社会学家综合专门的研究，这样评价电视媒体给学生的影响：“电视节目带来了大量的矛盾。电视为学生现实的世界和行为的信息，又提供了想象的世界和行为的信息。”“在某些方面，电视节目强化了由其他社会化主体所教导的价值。同辈群体也许观看某个节目，一起讨论，一起外出活动，这样强化了群体的团结和价值。但从电视上学到的观念也许同时也与在家里和学校中所教导的价值相冲。”当然，这并非就是说明电视节目对学生只具有负面影响，只是它使班主任要面对的教育环境更为复杂。

（二）社区环境

学生的身心发展是在人、环境、行为的互动之中得以发生的。在影响个体身心发展的诸因素中，社区被认为是影响个体身心发展的最复杂、也是最难以控制的社会环境。社区里人们的活动方式、交往方式、社会习俗、社会心态、社会风气等，不仅是宏观的社会环境透过社区组织机构、设施、活动、氛围等在社区生活中的反映，而且也是该社区人们的生产、生活以及人际交往与互动的真实写照，体现着该社区的道德关系和精神风貌。学生在何种社区，就可能意味着将接受何种性质、何种类型的环境影响。就中国社会来讲，中心城市是贸易、商业、金融、出版、娱乐等的理想场所，集中体现了现代化的各种特征，生活在这里的学生更能得风气之先，但其复杂性又极有可能导致从社会上学到的观念与在家里、学校中所教导的价值之间的直接冲突，使学生产生思想上的困惑和对社会或家庭或学校的疏离。例如，一些学生生活在农村地区，民风相对淳朴，但在不断走向开放化和信息化的时代，农村无法避免现代化、城市化的冲击以及对城市生活的向往与追求，生活在这种社区环境中的学生，自然而然就会受到这种复杂的社会意识的强烈感染。不仅如此，社会变迁的加剧也会不断地改变着社区的结构、组织和人民的活动与交往方式、社会心态，改变着学生所生活社区的价值生态，从而以显性或隐性的方式影响着他们的态度、思想和行为。

（三）同龄人群体与青少年亚文化

同龄人群体及其影响不仅是学生身心发展的重要源泉，而且也是可以在一定程度上左右其身心发展方向的基本因素。其中，又尤以朋友的影响最为显著，并且这种影响随着大学生年龄的增长而不断加深，直至拥有比较完备的自主意识和自主能力。对此，古人早已说得十分明白："人在年少，神情未定；所与款狎，熏渍陶染，言笑举动，无心于学，潜移暗化，自然似之；何况操履艺能，较明易习者也？是以与善人居，如入芝兰之室，久而自芳也；与恶人居，如入鲍鱼之肆，久而自臭也。墨子悲于染丝，是之谓矣。君子必慎交游焉。"与同龄人群体及其影响相关的另一个因素就是青少年亚文化。所谓青少年亚文化，是指在各阶层、各地区青少年之中广泛传播并深刻地影响着他们的态度、情感、行为的各种文化因素，如偶像崇拜、时尚追求、漫无目的的消遣、同龄人俚语等。青少年亚文化不仅是其身心发展和年龄特征的正常反映，也是同龄人之间交往与互动的必然产物，并且深受大众传媒的影响，对学生的身心社会性发展的作用不可低估。

三、协调统一社会教育力量的策略

（一）主动加强与社会各有关力量的联系

班主任可以依靠学校的力量，积极主动地与社会各方面，特别是校外教育机构、文化团体、实习单位、街道居委会、乡政府等建立经常性的联系，经常交换情况，协调各方面的影响，争取他们的配合，共同做好学生的教育工作。

（二）组织学生进行力所能及的社会实践活动

班主任组织社会实践活动，一定要认真组织，注重实效，防止表面上热热闹闹，实际上并无多大成效的形式主义；要根据实际情况，灵活安排，采取集中与分散相结合的办法。每次社会实践活动结束，班主任要及时地认真进行总结、汇报、考评，从而使学生通过实践活动真正有所收获。

（三）抵制社会消极因素对学生的不良影响

社会影响是十分复杂的，其中既有积极因素，又有消极因素。特别是在今天改革开放的新形势下，一方面由于科技的发展带来了社会的日益进步，另一方面也不可避免地出现了一些消极腐败的东西。因此，班主任要特别注意，要善于抓住社会影响中的积极因素，抵制消极不良因素，分清是非，提高认识，从而提高自身的修养水平和引导学生正确面对社会影响的能力。

第四节　建立教育网络，形成教育合力

一、“建立教育网络，形成教育合力”的内涵与意义

“建立教育网络，形成教育合力”是指“学校、家庭、社会三方面教育在方向上统一要求，作用上相互补充，时空上密切衔接，形成以学校教育为主导，家庭教育为基础，社会教育为依托的共同育人力量”。从横向上看，它涉及各种社会环境因素，包括学校、家庭、社会以及各自的内部因素，如学校系统中的学科课程、课外活动、团队工作、学校氛围等，社会子系统中的社会管理机构、社会服务机构、大众传媒等；从纵向上看，包括自上而下的教育管理与指导体系、自下而上的教育实施体系等。社会大系统各要素纵横交错，从促进大学生身心发展的视角进行组织、协调、沟通并加以整合，由此而体现出教育网络的系统性、多渠道、多层次、全方位的特点。

“建立教育网络，形成教育合力”首先有利于统一教育方向。因为学校教育、家庭教育和社会教育既是现代教育系统中的有机组成部分，也是学生生活的整个环境中缺一不可的三个方面。但是三者在施教者、教育环境、教育内容、教育形式、教育方法等方面有所不同，在学生成长中发挥着不同的作用。同时，面对改革开放形势下多元文化价值观念的影响，很容易产生三者方向不同，作用相互抵消甚至出现负效应的现象，使教育归于失败。建立教育网络，形成教育合力就是使三方面的教育在教育方向上保持一致，取得教育的整体效应。

“建立教育网络，形成教育合力”也有利于发挥三方面教育的互动、互补作用。因为学校、家庭和社会三个方面，各自有其独特的作用，绝不能相互代替。只有相互协调，取

长补短，充分发挥各自的优势和多渠道影响的叠加效应，才能取得最佳的整体教育效果。如家庭教育中，亲密的血缘关系，使其带有浓厚的情感色彩和强烈的感染性；学校教育按照国家和社会要求，有目的、有计划、有组织地对受教育者施加影响；社会教育空间广阔、内容丰富、方式灵活、实践性强，有利于学生拓展视野，发展兴趣爱好，展现在学校中无法表现的才华，增强实践能力和创新精神。

"建立教育网络，形成教育合力"还有利于形成终身学习的机制。因为它在纵向时间上延伸至人生的两端，把幼儿教育、青少年教育、成人教育乃至老年教育衔接起来；在横向空间上扩展到社会的各个领域，使学校教育与社会要求有机衔接，形成跨越时空局限的教育网络。

二、教育网络促进教育合力形成

（一）建立健全相应的组织机构

教育网络中的组织机构有着多种类型，它们分别存在于学校与家庭之间、学校与社区之间、社会教育力量内部以及学校、家庭和社区三者之间，由各方力量整合而成。其一是家长委员会。它是由学生家长代表组成的专门委员会，可分为全校性的和班级的两种类型，其主要职责是组织家长共同研究学生中存在的问题、交流教育孩子的经验；向家长宣传学校的教育要求和措施，动员家长配合学校教育自己的孩子；反映家长对学校教育工作的意见和建议；协助学校开展好校外教育活动等。其二是家长学校。它旨在通过专门的教育教学活动来指导、培训家长，以求提高他们的家庭教育能力和水平。办好家长学校的基本条件和要求主要有：有领导班子，有专人负责；有明确的办学指导思想；有周密的教学计划，内容要少而精，充分考虑家长的文化程度、修养水平等实际状况，既注意科学性又注意大众化；有固定的教学时间、地点，时间安排合理，方法灵活多样，能密切联系群众。其三是社区教育委员会。它是一个跨行业、跨系统的横向群众性组织，是社会、家庭、学校实行一体化的重要组织形式，经常被视为以社区为单位的教育领导机构。它一般由社区管理机构牵头或者由有关部门出面组织，把社区的小学、中学、大学和机关、厂矿、街道、家庭等组织在一起，共同兴办该社区的教育，由教师代表、社区管理人员、家长代表、社会其他行业代表等共同组成。

（二）充分发挥学校的主导作用

在学校、家庭、社会三方面的联系中，学校要起主导作用。一方面，学校是专门的教育机关，是专门研究教育问题的场所。另一方面，我们的学校是社会主义性质的，它有根据社会主义发展需要而提出的明确的教育目的；有既体现社会的要求，又反映时代精神和符合学生年龄特征的系统的教育内容；有健全的班级和团队等的组织形式；有通过教学和各种活动有计划递进性进行的教育系统；还有经过专业训练，闻道在先，学有专攻并具有一定教育经验和教育水平的教师和班主任队伍。因此，学校完全可以对学生施以有目的、有计划、有组织的教育影响，排除和抵制来自社会或家庭的某些不利影响。另外，学校教育还具有明显的可控性，班主任可根据教育目的对各种客观影响进行选择和调节，使其具有目的性和计划性。也就是说，学校教育可以对社会教育和家庭教育实行有效的调控，注意趋利避害，充分发挥和利用它们对学生成长的积极影响，尽量排除和克服消极影响。家庭和社会的影响同学校教育影响相比，往往是先入为主的。先入的因素，因思想没有阻力或阻力较小，容易被接受和巩固；后入的因素，容易同先入的不一致的因素相抵触而被拒绝。所以，要用后入的思想来转变先入的思想，就需要花费更大的力气和更长的时间。那么，学校怎样才能防止和克服社会和家庭先入的消极影响呢？首先，学校应经常摸清家庭和社会影响中的积极因素和消极因素，通过同家庭和社会的密切配合，充分利用其积极因素，抑制其消极因素，把学校教育同家庭和社会影响的矛盾减少到最低限度，争取先入的和后入的影响尽量在方向上一致起来。其次，可以利用“先入为主”的规律，使学校教育走在家庭和社会影响的前面，变学校影响的后入为先入。这种抢先“打预防针”的教育，可以使学生在碰到后入的社会和家庭影响时，具有“拒腐蚀，防污染”的能力。最后，充分发挥学校教育的主导作用，利用学生可塑性较大的特点，对先入的错误思想进行矫正和改造。

（三）加强学校对家庭教育的指导和配合

学校应通过班主任或指定专人负责家庭教育工作，将联系和指导家长配合学校教育学生，作为一项重要的工作内容，向他们宣传党的教育方针政策，介绍正确的教育方法，交流情况，统一要求，以便把家庭教育纳入到国家教育轨道，按照国家的教育目的的统一方向进行。同时，各地可成立家庭教育研究会，通过书面联系、互访、召开家长会、开展好家长评选等活动，组织和推动社会各方面力量共同来研究家庭教育的规律和经验，普及科学育人知识，帮助家长搞好家庭教育，提高全社会的家庭教育水平。再者，各地各校还可以设立家庭教育辅导站或家庭教育顾问处，以方便群众，随时给家长以指导。

参考文献

[1] 刘玮. 高校团支部工作手册——以福州大学为例 [M]. 北京：光明日报出版社，2021.

[2] 劳可夫. 基于授权理论的大学班级管理模式 [J]. 现代教育管理，2013 (8)：104-108.

[3] 刘庆. 新时期高校班级文化建设研究 [D]. 太原：太原科技大学，2011.

[4] 靳拥军，王强，李远蓉. 高等教育大众化背景下高校班级管理：问题分析与体系重构 [J]. 思想教育研究，2010 (11)：95-98.

[5] 杨恒. 高校辅导员如何进行班级日常管理 [J]. 人力资源管理，2011 (6)：2.

[6] 韩东才. 班主任基本功 [M]. 广州：暨南大学出版社，2009.

[7] 赖华强. 班主任工作案例教程 [M]. 广州：暨南大学出版社，2008.

[8] 李伟胜. 班级管理 [M]. 上海：华东师范大学出版社，2010.

[9] 李镇西. 做最好的班主任 [M]. 桂林：漓江出版社，2008.

[10] 陈大超. 教育管理问题案例研究 [M]. 长春：吉林人民出版社，2006.

[11] 吴小海，李桂芝. 班主任九项技能训练 [M]. 北京：首都师范大学出版社，2008.

[12] 李发忠. 来自评语的感召力 [J]. 学苑教育，2010 (16)：14.

[13] 张如栩. 略论班级日常管理 [J]. 基础教育参考，2010 (1)：87-88.

[14] 李木江，吴海琼. 论影响学生评价的几个因素 [J]. 黔东南民族师范高等专科学校学报，2004 (4)：83-84.

[15] 崔凤香，刘玉杰. 浅谈班级管理中班主任评价学生的原则 [J]. 网络科技时代，2008 (24)：1.

[16] 莫熙朝. 班级量化管理的背后 [J]. 广东教育 (综合版)，2007 (5)：2.

[17] 高琪，张锐. 班级量化管理必须明确的几个问题 [J]. 班主任之友，2004 (4)：2.

[18] 杜永芳. 班级量化管理的好处 [J]. 青海教育，2007 (5)：1.

[19] 冯涛. 新课程视域下班主任对学生的教育评价 [J]. 教学与管理，2010 (2)：43-44.

[20] 丁朝蓬. 新课程评价的理念与方法 [M]. 北京：人民教育出版社，2003.

[21] 白铭钦. 班级管理论 [M]. 天津：天津教育出版社，2000.

[22] 赖华强. 班主任工作案例教程 [M]. 广州：暨南大学出版社，2005.

[23] 赵玉英，张典兵. 班主任工作新论 [M]. 北京：中国广播电视出版社，2010.

[24] 邓艳红. 小学班级管理 [M]. 上海：华东师范大学出版社，2010.

[25] 路明远. CIS文化管理功能在高职班级管理中的应用研究 [D]. 石家庄：河北师范大学，2010.

[26] 代芳芳. 大学班级管理研究——基于高度参与式管理模式 [D]. 南昌：江西师范大学，2008.

[27] 初晓嘉. 高校班级文化建设研究 [D]. 大连：大连理工大学，2008.

[28] 阳静. 论高校班级文化的思想政治教育作用及实现途径 [D]. 重庆：西南大学，2010.